KB272778

대화 습관을 바꾸면 성공이 보인다

대화 습관을 바꾸면 성공이 보인다

대화 습관을 바꾸면 성공이 보인다

엮은이	함현규

초판 1쇄 발행	2010년 11월 15일
초판 2쇄 발행	2011년 1월 10일

펴낸 곳	빛과향기
발행인	배선희
등록	제3-1250호

주소	서울시 동대문구 신설동 114-89 삼우빌딩 C동
전화	02-2233-2919(대표)
팩스	02-2233-2920
이메일	lap21@korea.com

책값은 뒤표지에 있습니다.
ISBN 978-89-89700-87-6   03320

대화 습관을 바꾸면 성공이 보인다

빛과 향기

영국의 문호 조지 버나드 쇼는 "인간이란 다른 사람이 가르쳐주는 것은 잘 배우려 들지 않는다"고 말했다. 그리고 "우물쭈물하다가 내 이럴 줄 알았다"라고도 했다. 모두 옳은 말이다. 무언가를 배운다는 것은 능동적인 과정이다. 그리고 망설이거나 우물쭈물했다가는 황금 같은 시간을 놓치고, 결국 후회만 남게 된다.

마찬가지로, 누군가와 대화를 자연스럽게 이어나가고 싶거나 비즈니스를 위해 남다른 화법이 필요한 사람이 이 책을 집어 들었다면 여기에 실린 '대화의 원칙' 들을 직접 실천해보고 터득하는 과정이 반드시 필요하다. 또한 기회가 생길 때마다 대화의 원칙들을 응용하는 자세도 갖춰야 한다. 실제로 활용하는 지식만이 산지식으로 남아 당신을 성공의 길로 안내할 것이기 때문이다. 그렇지 않으면 이 책에 실린 대화의 원칙들도 한낱 잔소리에 그치고 말아, 기억 속에 자리 잡지 못한 채 흩어져버리고 말 것이다.

만일 이 책을 통해 무언가를 얻고자 한다면 그 어떤 원칙이나 기술보다 중요한 것이 하나 있다. 그것은 바로 당신이 얻고자 하는 바에 대한 강렬한 의욕과 자신의 능력을 키워 나가고자 하는 굳은 결의이다. 그렇다면 어떻게 해야 그런 결의를 다져나갈 수 있을까? 먼저 당신은 구태

의연한, 이를테면 될 대로 되라는 식의 무책임하고도 무계획한 삶의 태도를 지양해야 한다. 앞을 내다보면서 자기 인생을 관리하는 태도야말로 당신을 명예와 행복은 물론, 경제적 성공으로 이끈다는 사실을 잊어서는 안 된다.

이 책은 대화의 원칙들에 대한 일반적인 설명과 함께 다양한 사례들을 담고 있어 누구나 쉽게 페이지를 넘길 수 있다. 특히 1장에서는 우리가 사회생활이나 대인관계에서 겪게 되는 사례들, 그리고 2장에서는 세계의 여러 석학들과 대인공포증을 이긴 사람들에 대한 사례들이 실려 있다. 그런 만큼 좀 더 구체적으로 대화의 원칙에 접근하는 것은 물론, 쉽게 기억하고 응용할 수 있을 것이다.

또한 이 책은 자신에게 특히 부족하거나 필요한 부분을 찾아볼 수 있도록 구성되어 있다. 그러므로 처음부터 끝까지 다 읽어야 한다는 강박관념을 가질 필요가 없다. 자기 스스로 가장 궁금하고 필요한 부분을 찾아서 읽고, 나머지 부분들은 물 흐르듯 자연스럽게 읽어나가면 되는 것이다. 그럼 인생의 목표가 확실하고 강렬한 의욕까지 갖춘 사람이라면 자신이 원하는 대화의 원칙과 기술을 습득할 수 있다. 이런 사람에게는 성공이라는 선물이 기다리고 있을 것이다.

타인과의 관계가 중요해진 만큼 상대방을 말로써 설득하는 대화의 기교가 그 어느 때보다 절실하게 필요한 시대이다. 이 책이 그런 시대를 살고 있는 많은 비즈니스맨과 예비 비즈니스맨에게 성공의 길로 안내하는 등대 같은 구실을 하길 바란다.

차 례

제1장 상대방의 마음을 움직이는 대화 습관

1. 상대방의 심리를 파악하는 것은 많은 어려움이 따른다 __ 12

2. 상대방의 생각을 이끌어낸다 __ 31

3. 상대방의 감정에 대한 빠른 대처법을 강구한다 __ 48

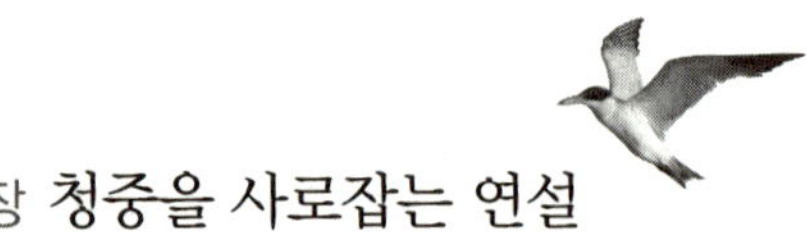

제2장 청중을 사로잡는 연설

상대방의 마음을 움직이는 대화 습관

상대방의 심리를 파악하는 것은 많은 어려움이 따른다

어떤 하나의 주제가 당신에게 주어졌다고 생각하고, 그것에 대해 친구와 함께 대화를 나눈다고 가정해보자. 당신은 이 기회를 통해 친구가 주장하는 내용을 좀 더 정확히 파악할 수 있기를 바랄 뿐 아니라, 그의 속마음까지도 알고 싶을 것이다. 이는 바꿔 말하면, 당신은 자신의 속마음을 친구에게 털어놓거나 은연중에 알리고 싶다는 마음을 지니고 있다는 뜻이다.

당신과 친구는 오랫동안 대화를 나누느라 많은 말을 주고받는다. 하지만 서로의 마음속 깊은 뜻까지 통한다고 느끼는 경우를 찾아보기는 쉽지 않다.

그렇다면 서로의 속뜻을 이해하고 마음까지 통하게 만드는 것을 방해하는 요인들은 무엇일까? 그리고 이러한 방해 요인들을 없애려면 어떻게 해야 할까?

여러 방해 요인 가운데 무엇보다도 중요한 것은 당신이 '자신뿐 아니라 상대방도 한 사람의 인간'이라는 사실을 순간순간 잊어버린다는 점이다.

우리가 만일 로봇과 생활한다면 자기 생각을 굽히지 않거나 상대방의 말을 오해함으로써 빚어지는 크고 작은 말다툼, 싸움은 없을 것이다. 로봇은 생각할 줄 모르고 감정도 없어서 좋고 싫은 것을 구별할 수 없는 만큼 사람인 우리가 시키는 대로만 움직일 것이기 때문이다.

그러나 우리는 생각할 수 있는 능력뿐 아니라 기쁨, 슬픔, 즐거움, 괴로움 같은 갖가지 감정을 갖고 있다. 어떤 일 때문에 이런 감정이 마음 속에 일어날 때는 큰 소리로 떠들거나, 웃거나, 눈물을 흘리면서 슬프게 울기도 한다.

특히 인간은 생각이라는 것을 할 수 있기 때문에 건전한 사고방식에 의한 행동이 가능하다. 하지만 이와 다르게 비현실적인 행동이나 비사회적인 태도를 나타내기도 한다. 이렇듯 사람의 의식 세계는 차근차근 풀어나가야 할 문제가 첩첩이 쌓인 창고와도 같다.

그러므로 사람이 안고 있는 다양한 문제를 풀어나가기 위한 열쇠인 지성(知性)은 내면세계의 문제를 풀기 위해 노력하면서, 그와 동시에 현실적인 문제를 풀기 위해서도 바쁘게 움직인다.

예를 들어보자. 우리의 지성은 '어떤 방법을 쓰면 친구들이 내 의견에 찬성할까?' '힘을 키우기 위해 어떤 것을 하면 좋을까?' 같은 내면세계의 문제와 '매일매일 업무 처리하기, 친구를 사귀고 우정을 나누기,

자식들을 키우고 가르치며 집을 마련하기' 같은 현실적인 문제를 풀기 위해 정신을 차릴 틈이 없다.

이처럼 사람은 내면과 외면의 복잡한 문제 및 욕심 때문에 논리적 사고방식이나 조리 있게 말하는 능력이 떨어진다. 그래서 다른 사람과 대화를 나누는 본래의 목적이 흐려지기도 하는 것이다.

그 이유는 앞에서도 언급했지만, '자신뿐 아니라 상대방도 한 사람의 인간' 이라는 말의 의미를 곰곰이 새겨보면 알 수 있다. 사람과 사람 사이에 마음이 통한다는 것이 결코 쉽지 않은 일임에 틀림없다.

그렇다면 지금부터는 평범한 사람이라면 누구나 가진 보편적인 특성 몇 가지를 알아보고, 그것이 어떻게 사람과 사람의 마음이 서로 통하지 못하도록 만드는지를 살펴보자.

사람은 거의 '습관' 이라는 거미줄에 꽁꽁 묶인 채 살아간다. 하지만 대부분의 사람들은 별다른 불편함을 느끼지 못한다. 오히려 습관에 길들여진 생활을 정상적이고 건강한 삶이라고 생각하면서 안정감까지 느낀다. 또한 그 속에서 즐거움과 행복을 누리며 살아가기도 한다. 이렇듯 습관은 참으로 무서운 것이다. 그것은 사람의 생각과 감정, 행동 등 모든 방면에 큰 영향을 미치기 때문이다.

일상생활 속에서 드러나는 사소한 습관의 예로 일정한 헤어스타일을 고집하는 것, 생선은 반드시 구워야만 먹는 것, 콜라를 비롯한 탄산음료수는 절대 마시지 않는 것, 원색이나 원색에 가까운 옷은 절대 입지 않는 것 등을 들 수 있다. 이런 습관은 대부분 개인 취향이 습관으로 굳어진 경우이다. 이와 같은 '기호적 습관' 은 때때로 생활에 불편을 가져다준다. 그러나 앞날에 그다지 나쁜 영향을 미치지는 않는다.

그런데 이런 기호적 습관과는 성질이 다른 또 하나의 습관이 있다. 그것은 바로 사람이 생각할 수 있기 때문에 나타나는 습관으로, 흔히 '사고적 습관' 이라고 부른다. 예를 들어, 어떤 사람은 무슨 일을 하기 전에 반드시 다른 사람의 조언을 구한다든지, 아주 작은 문제에 부딪혀도 겁먹은 채 꽁무니를 뺀다든지, 다른 사람들을 모두 이기적이라고 생각해 자기 자신밖에 믿지 못한다든지, 자신은 반드시 1등을 해야 한다든지 같은 생각에 깊이 빠져 있다.

이러한 사고적 습관은 비교적 단순한 기호적 습관과 달리 어떤 한 사람의 정신세계를 약하게 만들거나 황폐화시키기도 한다. 그러므로 주의가 필요하다.

한편, 어떤 심리학자는 습관이란 하나의 행위를 단순히 반복한다고 해서 생기는 것은 아니라고 발표했다. 그는 사람의 행위가 습관으로 인정받으려면 누구라도 인정할 수 있는 타당한 이유가 뒷받침되어야 한다고 주장했다.

그렇다면 사람들이 일정한 사고방식을 버리지 않을뿐더러, 어떤 행위를 고집스럽게 반복하는 이유는 무엇일까? 지금까지 그렇게 해왔기 때문만은 결코 아닐 것이다. 그보다는 사람들이 그것으로 인해 어떤 형태로든 이익을 본 경험이 있기 때문이다.

예를 들어, 어느 한 사람이 어떤 일을 시작해야 할지 말아야 할지를 판단해야 할 순간에 처해 있다고 해보자. 그런데 그가 친구나 친지에게 조언을 구하는 까닭은 전에도 늘 그렇게 해왔기 때문이 아니다. 그는 주위 사람의 조언을 들음으로써 심리적 안정감을 얻고, 때로는 자신감도 가질 수 있었기 때문에 이런 행위가 습관으로 굳어진 것뿐이다.

이것을 달리 생각하면, 사람들은 습관을 통해 이익을 얻는 경우가 더 많다고 여기기 때문에 습관을 쉽게 버리지 못하는 것이다. 그러나 엄밀히 따져보면, 습관 때문에 생긴 이익은 실질적인 것일 수도 있고, 때로는 당사자의 상상에서 비롯된 것일 수도 있다. 그렇지만 습관이 이익을 가져다준다고 믿는 한, 사람들은 비록 하찮은 습관이라도 버리지 못하고 평생 습관에 얽매여 살아가게 된다. 더욱이 습관 때문에 생기는 이익이 크다고 생각하면 할수록 습관은 더 깊이 뿌리 내리고, 그 힘도 더 강하게 자라나게 마련이다.

어느 회사의 부장과 팀장이 대화를 나누고 있다. 두 사람의 대화를 들어보면 팀장이 자신의 팀원들을 바라보는 시각이 한쪽으로 고정되어 있다는 사실을 느낄 수 있다. 습관으로 굳어진 팀장의 고정된 시각 때문에 부장과 팀장의 대화가 어떻게 방해 받는지를 살펴보자.

"김 팀장, 자네는 업무 처리 능력이 뛰어나고 팀원 관리도 아주 잘하고 있네. 하지만 한 가지 조언해줄 말이 있어. 자네는 팀원들이 저지른 실수를 조금도 눈감아주지 않는 것 같아. 또 그것과 반대로, 그들이 일을 잘 처리했을 때 칭찬도 잘 하지 않는 것 같고 말이야. 그래서 자네에게 부탁하는데, 팀원들이 일을 잘 처리했을 경우에는 한 번쯤 어깨라도 두드려주라고. 그들의 사기를 높여줘서 나쁠 것은 없지 않겠나?"

"참, 한심한 사람들 같으니라고! 아직도 애들 같은 생각을 하고 있다니. 회사가 집입니까? 칭찬해주지 않는다고 불평이나 늘어놓게. 저는 그런 터무니없는 불평을 받아줄 수 없습니다."

"내 말은 불평을 받아주라는 것이 아니야. 사람은 누구나 잘 한다는 격려를 받으면 기뻐서 더 잘 하려고 노력하는 법이거든. 팀원들의 사기를 북돋아주는 것은 좋은 자극제가 되잖아.”

“일을 잘 했을 때는 자기 자신도 당연히 그것을 느끼게 됩니다. 다른 사람이 칭찬해주지 않더라도 무척 즐겁지요. 만일 제가 한 번 칭찬해주면 다음번에는 월급봉투가 얇다고 불평을 늘어놓을걸요.”

“자네가 볼 때 이진호라는 친구는 어떤가? 내가 보기에는 일도 잘하고 눈치도 빠른 것 같던데. 그리고 동료들과도 잘 어울리는 등 썩괜찮은 구석이 많은 것 같아. 김 팀장은 그 친구에게 한 번이라도 다정스럽게 말을 건네거나 업무 실적에 대해 칭찬한 적이 있나?”

“이진호 씨는 가능성이 꽤 있는 신입사원이지요. 하지만 저는 그 친구만 특별히 칭찬해주고 싶지는 않습니다. 잘못 칭찬했다가는 그 친구 역시 자기만족에 빠져 금방 나태해질 테니까요. 저는 그런 성격을 가진 사람을 다룰 줄 압니다. 제가 일부러 칭찬하지 않고 내버려두면 그 친구는 더욱 분발해 높은 성적을 올리려고 노력할 겁니다.”

이 대화에서 누구라도 김 팀장의 태도와 마음씨가 너무 딱딱하고 냉정하다고 느낄 것이다. 마치 다른 사람을 믿지 않기로 작정한 듯하다. 그는 사람이란 누구나 상대방에게 칭찬을 받으면 금방 거만해지고 게을러지게 마련이라고 생각하며, 그 생각에서 한 치도 양보할 줄 모른다. 특히 팀원을 대할 때 사람은 누구나 그 나름대로의 장점을 지니고 있다는 점을 전혀 고려하지 않는다. 다만 그는 자신이 정해놓은 ‘저 사람은 이러이러하다’ 라는 기준의 틀 속에 상대방을 집어넣은 뒤 자기 식대로 판단해 팀원을 무시하는 말만 되풀이할 뿐이다.

　그런데 이와 같은 김 팀장의 생각과 태도, 말은 어떻게 형성된 것일까? 앞에서의 짧은 대화를 통해 팀장의 성격이나 사람 됨됨이를 다 파악할 수는 없다. 짐작컨대 그는 자기 자신도 믿지 못하는 사람일 것이다. 그래서 다른 사람을 더욱 믿을 수 없다고 생각하면서 사는 것은 아닐까?

2 많은 사람들이 자기 생각에만 빠져 있다

당신이 누군가에게 말을 할 때는 상대방의 주의를 끌기 위해 어떤 동작들을 함께 취한다. 왜냐하면 당신이 처음 말을 시작했을 때 상대방은 그 말을 듣기 위해 주의 집중을 하고 있는 것은 아니기 때문이다. 상대방의 주의력은 당신이 말하는 내용과 자신의 관심을 끄는 어떤 대상이나 생각 사이에 놓여 있다. 그러므로 상대방의 주의를 끌고 싶다면 그 방법은 매우 간단하다. 이야기 주제를 상대방이 관심을 가진 분야로 돌리면 된다. 그럼 효과는 즉시 나타날 것이다.

그런데 알아두어야 할 것은 당신의 말을 듣고 있는 상대방의 주의력이 그리 오래 지속되지 않는다는 점이다. 만일 이야기 주제가 즐겁거나 흥분시키는 일, 또는 자신의 문제를 풀어줄 수 있는 내용이라면 당신의 이야기에 반응을 나타낼 것이다. 반면, 복잡하고 관심 없는 이야기에는 금방 싫증을 내거나 다른 생각을 하기 쉽다.

이처럼 상대방의 주의력을 집중시키는 일은 극히 짧은 시간 동안만 지속할 수 있을 뿐이다. 따라서 다른 사람과 대화를 나눌 때 중요한 내용은 여러 번 반복해서 말할 필요가 있다. 이때 주의해야 할 점은 반복해서 말하는 내용이 지루하게 들리지 않도록 표현을 바꿔가며 말해야 한다는 것이다.

복잡한 내용을 아주 짧게 정리해서 들려줄 때 상대방이 한두 마디의 말이라도 놓쳤다면, 그 이야기는 더 이상 들려준다고 해도 아무런 소용이 없다. 다른 생각을 하느라 듣지 못한 탓에 이야기를 계속 듣는다고 해도 그 흐름을 이해할 수 없기 때문이다.

그렇다면 이야기를 듣고 있는 상대방의 주의력이 산만해졌다는 것은 어떻게 알 수 있을까? 보통 주의력이 산만해진 사람들에게서는 몇 가지 공통된 행동이 나타난다.

첫째, 불필요한 질문을 하는 경우이다. 주의 집중을 계속하고 있었다면, 이미 당신이 설명했기 때문에 알고 있어야 할 내용인데도 그것을 다시 질문하는 것이다.

둘째, 지금 하고 있는 이야기의 내용과 전혀 관계없는 질문을 하는 경우이다. 이런 질문을 하는 이유는 듣는 사람이 딴 생각을 하고 있거나, 그 이야기를 더 이상 듣고 싶지 않다는 자기 생각을 은근슬쩍 내비친 것이다.

셋째, 불필요한 질문과 비슷한 경우로, 이미 해결 방법을 찾은 문제에 대해 다시 생각해보자거나 다른 의견을 주장한다. 즉, 말하는 사람의 이야기를 주의해서 듣지 않았기 때문에 이야기나 토론이 처음 시작된 그 시간에 계속 머물러 있는 상태인 것이다. 그래서 이와 같은 행동을 하게 된다.

지금까지 살펴본 상대방의 세 가지 행동을 잘 기억해두고, 이런 경우 어떻게 대처하면 좋은지 그 방법을 몇 가지 마련해놓도록 한다. 그럼 의외의 상황이 벌어져도 적절히 대응할 수 있을 것이다.

3 자기 방식대로 해석해서는 안 된다

간혹 주위에서 벌어지는 거의 모든 일을 자기 방식대로 해석하는 사람들이 있다. 이런 사람들의 특징은 대부분 지나치게 잘 흥분한다는 점이다. 즉, 주변에서 어떤 일이 생기면 그는 보통 때보다 말소리를 높여 즐거워하거나, 지나치게 화를 내는 경향이 있다. 또한 상대방이 마음속으로 느끼는 의미를 존중하기보다 자기가 주장하고 싶은 의미를 강요하려는 습관을 지니고 있다. 더욱이 자신이 말한 내용과 상대방이 말한 내용에 차이가 있다고 판단되면, 전체적인 내용과 흐름이 어찌되었든 상관없이 자신에게 유리한 쪽으로 생각하고 받아들이는 버릇을 갖고 있다.

모든 일을 자의적으로 받아들이는 비즈니스맨 박민호 씨를 예로 들어보자. 박민호 씨는 대기업 마케팅팀에 소속되어 있다. 그는 다른 회사 구매팀장에게 자사 상품을 팔려고 애쓰는 중이다.

"저희 회사 제품이 마음에 드셨는지요?"

"네, 제품이 좋기는 한데, 다른 회사에 비해 값이 좀 비싸더군요. 우리는 이 제품을 더욱 싼 가격에 구입하고 싶습니다."

"그렇습니까? 다른 회사 제품은 얼마에 팔겠다고 그러던가요?"

"그것은 알려드릴 수 없지요. 하지만 당신 회사 제품보다 훨씬 다운

된 가격입니다. 우리는 최저 구매 가격만 맞출 수 있다면, 품질 같은 것은 별로 고려하지 않거든요. 당신 회사 제품이 질은 더 좋습니다. 하지만 다른 회사가 제시한 가격이 우리가 생각하고 있는 구매 가격과 비슷하더군요. 지금 상황에서는 품질이 두 배 이상 좋다고 해도 별다른 도움이 되지 않습니다."

"그렇습니까? 잘 알겠습니다."

박민호 씨는 상담을 끝낸 후 구매팀장이 "품질이 두 배 이상 좋다고 해도 별다른 도움이 되지 않는다"라고 말한 부분을 제멋대로 해석했다. 즉, 회사의 마케팅팀장에게 '경쟁사 제품의 가격은 우리 회사의 거의 반 값'이라는 보고서를 올린 것이다. 하지만 구매팀장은 다른 회사에서 제시한 판매 가격이 얼마인지 말한 적이 없다. 그는 박민호 씨에게 제품 가격을 좀 더 깎아준다면 제품의 품질이 좋기 때문에 살 용의가 있음을 넌지시 알리고 싶어서 그렇게 말했을지도 모른다.

그러나 박민호 씨는 구매팀장의 의도를 다시 한 번 헤아려 보지 않았다. 그는 오직 회사의 마케팅팀장에게 자신이 매우 곤란한 처지라는 사실을 알리는 데 급급했던 것이다. 즉, 구매팀장에게 물건을 팔지 못한 이유는 자신의 무능력 때문이 아니라, 오로지 제품 가격이 비싸서라고 스스로 믿고 싶었던 것이다. 이런 그의 생각이 구매팀장의 말을 제멋대로 해석하는 결과를 낳고 말았다.

상대방의 마음을 움직이는 대화 습관

"침묵은 금이다"라는 말이 있다. 그러나 어떤 경우 침묵은 오히려 상대방을 혼란스럽게 만들고, 그 결과 두 사람 사이에 오가는 대화를 엉망으로 만들어버리기도 한다.

예를 들어, A라는 사람이 B라는 사람에게 한참 동안 무엇인가에 대해 말했다고 해보자. 그런데 B라는 사람은 아무런 대꾸도 하지 않은 채 듣기만 할 뿐이다. A는 B의 반응을 어떻게 해석해야 좋을지 몰라 점점 당황하게 된다.

A는 B가 자신의 말을 이해했는지, 또는 받아들인다는 것인지 반대한다는 것인지 갈피를 잡을 수 없다. 어쩌면 B는 처음부터 A의 말을 듣지 않았을지도 모른다. 그렇다고 A가 B의 생각을 자기 나름대로 추측해서는 안 된다. 반드시 B에게 물어보아 그의 생각을 정확히 확인하는 것이 바람직하다.

다음은 진찰을 끝낸 의사와 환자의 대화 내용으로, 시간이 허비되는 좋은 예이다.

"목에 가벼운 염증이 생겼습니다. 소금물로 하루 세 번 양치질하고, 잠자리에 들기 전에 처방약을 드세요. 사흘간 하루 세 번 드시면 완쾌될 겁니다."

"심하지 않아서 다행이네요. 인후염은 왜 생기나요?"

"바이러스에 의해 감염되지요."

"그렇다면 남편이나 아이들에게 옮길 수도 있겠네요? 서로 떨어져 있어야 하나요?"

"그럴 필요까지는 없어요. 하지만 가까이 앉아서 이야기를 나누지는 마세요."

"양치질을 해야 되나요, 뜨거운 물로?"

"미지근한 물이면 됩니다."

"소금은 어느 정도 넣을까요?"

"찻숟가락으로 반 정도 넣으세요."

"잘 알겠습니다. 그런데 처방약을 먹으면 어지럽지는 않나요?"

"그런 일은 없습니다."

"주의해야 할 음식은요?"

"없습니다. 모든 일을 적당히 하고 푹 쉬는 수밖에 없습니다."

"만일 낫지 않으면 월요일에 다시 올까요?"

"그렇게 하세요. 하지만 곧 나을 겁니다."

만일 의사 자신이 환자 처지가 되어 궁금할 수 있는 사항들에 대해 미리 알려주거나 지시 사항을 정리해서 써줬다면, 이렇게 오랫동안 이야기를 나눌 필요가 없었을 것이다. 그러므로 환자가 물어보기 전에 다음과 같이 말하는 것이 훨씬 바람직하다.

　"인후염에 걸리셨군요. 인후염은 바이러스에 감염된 단순한 염증이
니까 약을 드시면 2~3일 안에 낫습니다. 인후염을 앓고 있는 사람에
게 옮은 것 같네요. 식구들에게 전염될 수도 있으니, 회복할 때까지
같은 컵으로 물을 마시거나 가까이 앉아서 이야기하지 마세요. 여기
주의 사항을 적어 놓았습니다. 미지근한 물에 찻숟가락으로 반 정도
소금을 넣어 하루 세 번 양치질을 하세요. 처방해드린 약을 하루에 세
번 드시는데, 될 수 있으면 식사 후에 복용하는 것이 좋습니다. 약을
다 먹고도 낫지 않으면 다시 오세요. 하지만 그 안에 완쾌될 겁니다.
그밖에 궁금한 점이 있으면 물어보세요."

5 무슨 일이든 숨기려 하는 사람들이 있다

자신의 감정이나 생각을 상대방이 알게 될까 봐 걱정하는 사람들이 있다. 이런 사람은 대체로 자기 생각이나 감정을 상대방이 눈치 챌 경우 자기를 싫어할 것이라는 강박관념을 갖고 있다. 그래서 자기의 감정을 철저히 감춰 버린다. 그런데 의외로 자기 생각이나 감정을 감추고 싶어 하는 사람이 많은 편이다.

분별력이 있는 사람은 상대방이 누구냐에 따라 비밀을 말할 것인지, 말하지 않을 것인지를 판단할 수 있다. 반면, 자신과 관계된 일이라면 무엇이든 습관적으로 감추는 사람은 어떤 사소한 문제라도 입을 꽉 다문 채 누구에게도 말하지 않는다. 무엇을 어떻게 말하든 위험한 것은 마찬가지라고 생각하기 때문이다. 즉, 그들은 입을 다물고 있는 편이 훨씬 안전하다고 생각하고 있는 것이다.

지금부터 한 예를 살펴보자. 회사에서 면접을 주관하는 담당자와 구직자의 대화 내용이다.

"우리 회사의 전반적인 분위기나 요구 사항은 이만하면 대충 알았을 것 같은데요. 이번에는 당신에 대해 좀 더 구체적으로 알 수 없을까요? 먼저 지금까지 해온 일들이 어떤 것들이었는지 설명해주겠습니까?"

"저는 백화점과 은행에서 근무한 적이 있습니다."

"그곳에서 무슨 일을 했나요?"

"백화점에서 말입니까, 은행에서 말입니까?"

"백화점에서요."

"주로 판매를 담당했습니다."

"무엇을 팔았나요?"

"신사복을 팔았습니다."

"좀 더 자세히 설명해주세요."

"무엇을 알고 싶으신 겁니까?"

"글쎄요. 얼마나 오랫동안 일했는지, 근무 성적은 어땠는지, 그 일을 좋아했는지 같은 것 말입니다."

"2년간 근무했고 성적도 좋은 편이었습니다. 그 일을 싫어하지는 않았습니다."

"은행에서도 일을 했나요?"

"학교 다닐 때 조금 했습니다."

"어떤 일을 했습니까?"

"서류를 전하기도 하고 우편물을 돌리기도 했습니다."

"은행에서 근무한 느낌은 어땠나요?"

"제법 좋았습니다."

이처럼 자신을 분명하게 드러내지 못하는 구직자의 자세 때문에 면접

관은 틀림없이 그를 뽑지 않았을 것이다. 구직자는 지난번 회사에서 자신이 맡았던 업무나 근무 평점에 대해 더 자세히 말할 수 있었다. 그리고 그 경험을 현재 취업하려는 회사에서 어떻게 활용할 계획인지를 자세히 설명함으로써 면접관에게 높은 점수를 받을 수 있었을 것이다. 그러나 그는 자신의 말을 아끼는 것이 훨씬 안전하다고 판단한 듯하다. 결국 그는 다른 회사의 문을 또다시 두드려야 하는 처지가 되고 말았다.

6 의사 전달의 장애는 극복할 수 있다

정확한 의사 전달이란 단순히 말의 교환만을 뜻하는 것이 아니다. 그것은 사람과 사람이 서로 통할 수 있도록 하는 중요한 구실을 한다. 그래서 사람은 대화를 통해 자기 고민을 털어놓기도 하고 상대방에게 도움을 받기도 한다. 즉, 어려운 상황을 극복하기 위해 서로의 마음과 뜻을 모아야 하는 것이다.

그런데 이처럼 서로의 마음이 하나로 통하려면, 인간적인 속성에 대처할 수 있는 여러 기술이 필요하다. 또한 이런 기술을 습득한 후 활용하는 비결을 익히기 위해서는 무엇보다도 끊임없는 노력이 필요하다. 단, 이것은 한 번 습득하면 다른 사람을 이해하는 것은 물론, 상대방의 이해를 받는 데도 큰 도움이 된다. 또한 여러 번 반복해 더욱 익숙해지면 생각을 훨씬 효율적으로 할 수 있어 어떤 문제든지 바람직한 방향으로 풀어나갈 수 있다.

그렇다면 이제부터는 다른 사람의 마음을 붙잡으려면 어떤 방법으로 말을 해야 좋은지에 대해 알아보도록 하자.

상대방의 생각을 이끌어낸다

세상은 늘 복잡한 일들로 얽혀 있다. 그 때문에 사람들은 여러 어려운 일에 부딪히며 세상을 살아간다. 만일 이런 문제들을 풀지 못한다면 심한 스트레스를 받아 병이 생기거나 죽을지도 모른다. 그렇다면 사람들은 이와 같은 복잡한 문제를 어떻게 풀어나갈까?

사람의 몸은 여러 기능을 갖고 있으며, 이것들을 총동원해 문제를 푸는 데 필요한 정보를 모으게 된다. 이때 사용되는 조직은 눈, 귀, 코, 피부, 근육 같은 감각기관들이다. 수집된 온갖 정보들은 다시 신경조직을 통해 뇌의 각 기관으로 전달된다. 그리고 이때부터 본격적으로 문제 해결을 위한 몇 갈래 길을 찾는다.

이런 노력을 통해 찾아낸 몇 가지 해결책들은 다시 대뇌로 전달되며, 대뇌에서는 그동안의 여러 상황을 종합해 올바른 판단을 내린다. 이로써 사람은 어떤 일에 적절히 대응할 자세를 갖추게 되는 것이다.

따라서 '행동' 이란 많은 정보를 수집하고 분석한 뒤 최종적으로 나온 판단에 의해 이루어진 대응 방법이라고 할 수 있다.

그런데 정보를 갖고 있는 사람은 그 정보를 필요로 하는 다른 사람에게 알려주기도 한다. 한편 정보가 필요한 사람은 그 정보를 갖고 있는 사람에게 새로운 정보를 제공함으로써 자신이 필요로 하는 정보를 제공받을 수도 있다.

1 대답하기 쉬운 질문부터 시작한다

　다른 사람과 대화를 나누는 목적 가운데 가장 중요한 점은 정보를 알아내기 위한 것이다. 따라서 대답하기 쉬운 질문에서부터 시작하는 것이 무엇보다 중요하다. 예를 들어, 두 사람이 처음 만나는 자리라고 가정해보자. 그들은 대화를 시작하기 전에 상대방이 어떤 사람이고, 자신에게 무엇을 바라고 있는지를 호기심과 경계심이 뒤섞인 눈으로 서로를 바라볼 것이다. 그리고 어느 쪽이든 처음 꺼내는 말에 신중을 기하게 된다. 첫마디 말이 그 사람의 전체적인 인상을 좌우하기 때문이다.

　그런데 한 사람이 상대방에게 대답하기 어려운 질문부터 던진다면 어떨까? 질문을 받은 사람은 대답할 말을 찾기도 전에 그 자리를 회피할 생각부터 할 것이다. 그리고 입에 쇳덩어리를 매단 것처럼 웬만해서는 입을 떼려고 하지 않을 것이다.

　반대로, 한 사람이 쉬운 질문부터 시작한다면 상대방은 바짝 긴장했던 생각의 고삐를 풀고 차근차근 대답을 해나가게 된다. 이때 한 번 더 대답하기 쉬운 질문을 던진다면 그는 편안한 마음으로 아무런 부담도 느끼지 않은 채 한결 쉽게 대답할 것이다. 시간이 지날수록 그들은 상대방 질문에 대답하는 것에 익숙해져 마음의 안정을 되찾는다. 그만큼 두 사람은 격의 없이 질문하고 대답할 정도로 친밀감을 느끼게 되며, 그들의 대화도 더욱 빠른 속도로 주제를 향해 나갈 것이다.

2 질문에도 방법이 있다

어떤 질문을 어떻게 해야 상대방의 마음을 즐겁고 편안하게 만들 수 있으며, 목적한 바대로 정확한 정보를 얻어낼 수 있을까?

질문은 크게 두 가지로 나눌 수 있다. '구성의 밀도가 높은 질문' 과 '구성의 밀도가 낮은 질문' 이 그것이다.

그렇다면 구성의 밀도가 높다는 것은 어떤 질문을 뜻할까? 한마디로 대답하기 쉬운 질문을 말한다. 예를 들어 "지금 몇 시입니까?" "딸기를 좋아하나요?" "점심식사는 하셨습니까?" 같은 질문이다. 이런 질문에 대한 대답은 "오후 두 시입니다" "네, 좋아합니다" "아니요, 아직 안 먹었습니다" 등으로 단순하고 명쾌할 수밖에 없다. 물론 대답하는 쪽에서 또 다른 말을 첨가할 수도 있다. 그러나 질문 자체에는 그러한 대답을 강요하는 구석이 없다. 그러므로 이 질문에 대답하는 사람은 깊이 생각할 필요가 없으며, 생각을 정리하지 않아도 된다. 그저 어떤 사실을 간단히 말하는 것만으로도 충분하다.

한편, 구성의 밀도가 낮은 질문은 어떤 상태의 질문을 뜻할까? 이것은 앞의 질문과 반대로 질문자가 거의 생각할 필요가 없다. 하지만 대답하는 사람은 생각을 정리하고 요약할 필요가 있는 어려운 질문이다. 그러므로 질문자는 상대방을 자극해 어떤 대답을 하도록 만들면 된다. 또한 질문자는 그 대답의 내용이 어떻게 전개되고 있는지에 신경 쓰지 않아도 좋다.

예를 들면 "당신이 이 회사에 취직하려는 이유는 무엇인가?" "업무 실적을 높이기 위해서는 어떤 방법이 좋을까?" "출근 시간을 잘 지키게 하는 방법에는 무엇이 있을까?" 같은 것들이다. 그리고 이 질문에 대한 대답은 구성의 밀도가 높은 질문에 대답하는 것처럼 '네' 혹은 '아니요'로 끝나서는 안 되며, 자신의 생각을 조리 있게 차근차근 설명해야 한다.

대화를 할 때 반드시 구성의 밀도가 높은 질문을 해야 한다든지, 그 반대로 구성의 밀도가 낮은 질문만 해야 한다든지 같은 규칙이 정해져 있는 것은 아니다. 구성의 밀도가 낮은 질문에서 시작해 높은 질문으로 옮겨갈 수도 있고, 그 반대의 경우도 상관없다. 또한 두 가지 질문을 뒤섞어 사용해도 괜찮다. 하지만 좀 더 효과적으로 대답을 얻어내기 위해서는 상대방에게 구성의 밀도가 높은 질문을 던져 그를 대화 속으로 끌어들이는 것이 바람직하다. 그리고 천천히 단계별로 구성의 밀도가 낮은 질문들을 던지고 다시 구성의 밀도가 높은 질문을 찾도록 한다.

다음은 진찰을 받으러 온 환자와 의사의 대화이다. 의사는 환자의 마음을 비교적 정확하게 알기 위해 구성의 밀도가 높은 질문과 낮은 질문을 함께 사용하고 있다.

"어디가 편찮으신가요?"

"며칠 동안 계속해서 위가 아파요."

"어떻게 아프신데요?"

"바늘로 찌르듯이 콕콕 쑤시는가 하면 쓰리기도 해요. 특히 밥을 먹고 난 후에는 증세가 더욱 심해져요."

"자극적인 음식을 드셨나요?"

→ 의사가 던진 이 질문은 구성의 밀도가 높다.

이 대화에서 느낄 수 있듯이, 의사는 환자의 상태를 대강 알아보기 위해 구성의 밀도가 낮은 질문부터 시작했다.

의사가 만일 "열이 있나요?" "구역질을 했나요?" 처럼 구성의 밀도가 높은 질문부터 시작했다면 그는 현명한 의사가 아니다. 하지만 이 의사는 환자를 정확히 진찰하기 위해 아주 적절한 방법으로 질문을 했고, 환자를 치료하는 데 필요한 지식을 얻을 수 있었다.

보통 구성의 밀도가 낮은 질문은 상대방의 생각을 자세히 알고 싶지만 특별한 질문 내용이 떠오르지 않을 때, 상대방의 감정 상태를 알고 싶을 때, 상대방을 좀 더 대화 속으로 끌어들이고 싶을 때 사용한다.

한편, 구성의 밀도가 높은 질문들은 상대방에게서 특정 사실을 얻고 싶거나 어떤 개념을 갖고 있는지 확인하고 싶을 때, 상대방의 입장을 확실한 것으로 만들고 싶을 때 사용한다.

3 구성의 밀도가 낮은 질문부터 시작한다

상대방에게서 필요한 정보를 빠르고 정확하게 얻어내려면 구성의 밀도가 낮은 질문들을 사용하는 것이 효과적이다. 이러한 질문을 받은 사람은 처음 얼마 동안은 대답하기를 망설인다. 그러나 어차피 대답을 해야 하기 때문에 생각을 하게 되고, 생각을 하면 할수록 처음에 기대했던 것보다 더 많은 대답을 하게 된다. 그리고 일단 말을 시작하면 스스로 만족스러운 대답을 했다고 느낄 때까지 멈추지 않는다.

한마디로 질문의 구성 밀도가 낮으면 낮을수록 상대방에게 얻을 수 있는 정보는 그만큼 많다. 즉, 어떤 사람과 대화를 나눌 때 구성의 밀도가 낮은 질문들을 요령 있게 사용한다면 상대방은 말을 많이 할 수밖에 없는 것이다. 실제로 상대방이 누구인지와 상관없이 정보를 유도해내는 능력이 어느 정도인지는 상대방과 대화를 나눌 때 누가 더 말을 많이 하는지를 비교해보면 쉽게 알 수 있다.

4 구성의 밀도가 낮은 질문을 하는 방법

구성의 밀도가 낮은 질문을 하려면 어떤 방법이 효과적일까?

첫째, 될 수 있으면 '네' '아니요'로 대답할 수 있는 질문들은 피한다. 즉, 상대방이 자신의 감정이나 생각을 길게 설명할 필요가 있는 질문을 던지는 것이다.

이러한 질문들은 요즘 빠르게 변하고 있는 국내외 정세 속에서도 찾아볼 수 있다. "전 세계적인 불황을 어떻게 극복할 수 있을까요?" "고질적인 대학 입시 문제에 대한 해결책이 없을까요?" 같은 질문을 던지는 것이다.

둘째, '~은 어떤가?'로 끝나는 질문을 던진다. 이 방법은 좀 더 세련된 대화법을 요구하지만 결코 어렵지 않다.

어떤 회사의 최고경영자(CEO)가 간부회의 자리에서 "영업팀은 어떤가?" "기획팀은 어떤가?"처럼 '~은 어떤가?' 어법으로 질문을 던졌다고 가정해보자. 이때 영업팀장과 기획팀장은 각각 그동안의 실적을 분석한 자료를 설명하고, 앞으로의 사업 계획에 대해 상세히 보고할 의무를 갖게 된다.

셋째, 상대방이 대답한 내용 가운데 핵심적인 부분을 반복해서 되묻는다. 만일 한 친구를 만나 "직장 생활은 어때?"라고 물었을 때 그가 "지금 하고 있는 일은 그럭저럭 재미있는데, 팀장과 사이가 좋지 않아"라고 대답했다고 해보자. 친구의 대답 중 마지막 부분을 반복해서 "팀장과 사이가 나쁘다고?"라고 한 번쯤 되묻는다면, 그 친구는 당신이 그 이유에 대해 알고 싶어 한다는 사실을 금방 눈치 챈다. 결국 당신은 친구에게서 팀장과 사이가 좋지 않은 이유를 자세히 들을 수 있을 것이다.

넷째, 구성의 밀도가 높은 것과 낮은 것의 중간쯤 되는 질문 형태로 상대방이 이미 한 말을 요약해서 들려준다. 즉, 상대방이 한 말에 대해 당신의 의견을 요약함으로써 그에게 다시 들려주는 방법이다. 이때 상대방이 요약된 의견에 동의한다면 "네"라고 대답할 테고, 그럼 구성의 밀도가 높은 질문이 된다. 그러나 동의하지 않을 경우에는 구성의 밀도가 낮은 질문이 된다. 이때는 대답하는 사람이 왜 동의하지 않는지를 설명하면서 다시 한 번 자신의 참뜻을 밝혀야 한다. 이 경우 새로운 정보를 얻게 될 수도 있다.

다음은 어느 회사의 부장과 팀장이 나누는 대화 내용이다.

"이봐, 김 팀장. 지금 자리가 비어 있는 생산주임 후임 문제로 의논을 좀 할까 하는데. 내 생각에는 박정민 군이 어떨까 싶어. 그가 생산주임 자리를 흔쾌히 받아들일까?"

"당장 받아들일 겁니다! 하루빨리 승진하고 싶어서 몸살이 났던데요 뭐."

"그가 일을 얼마나 잘해낼 수 있다고 생각하나?"

→ 부장은 구체적인 설명이 필요한 답을 요구하고 있다. 이것이 바로 구성의 밀도가 낮은 질문이다.

"글쎄요, 뭐라고 함부로 말할 수는 없지만, 잘 해낼 수 있을 거예요. 그는 꽤 영리한 편이거든요. 게다가 적극적인 성격이라 한 번 시작한 일은 꼭 해내고야 말더라고요. 하지만 팀원들과의 관계가 껄끄러워서……."

"관계가 껄끄럽다니?"

→ 부장은 궁금한 부분을 다시 질문함으로써 어떤 다른 정보를 듣고 싶어 한다.

"정민 군은 좀 이기적인 면이 있거든요. 어떤 경우에든 자신이 옳다는 것을 증명하지 않고서는 화를 가라앉히지 못하는 성격이지요. 상대방의 처지 같은 것은 안중에도 없는 성격이라……."

"참고할 만한 말을 해주어 정말 고맙네. 윗사람은 팀원의 말을 성심껏 들어주고 그들의 처지를 이해할 줄 알아야 해. 그런데 그의 동료들은 그를 어떻게 보고 있을까?"

→ 부장은 팀장의 답변에 먼저 자기 의견을 밝혔다. 그리고 대화가 반대 심문 형태로 흘러가는 것을 피하려고 애썼다. 그 다음에는 구성의 밀도가 낮은 질문을 던졌다. 이런 질문이 '네' 나 '아니요' 만을 요구하는 구성의 밀도가 높은 질문보다 더 많은 정보를 유도해낼 수 있다.

"실력은 있는데 동료들을 대하는 태도는 안 좋은 것 같아요. 잘 모르긴 해도 그를 상사로 모시려고 하지 않을 겁니다."

"그렇다면 모두들 그의 승진을 바라지 않을 것 같은데."

"뭐, 꼭 그렇다는 것은 아닙니다. 하지만 그는 일 하나는 정말 잘해요. 머리도 꽤 좋고요. 그런 유능한 사람도 흔한 것은 아니지요. 그래서 하는 말인데요, 조금 여유를 갖고 검토할 필요가 있을 것 같습니다. 어쩌면 그에게 남의 감정을 존중하라고 충고해준다면 그가 납득하고 따를지도 모르니까요. 더욱이 회사 차원에서 그에게 어떤 특별 훈련을 시킨다면 적임자가 될 수도 있겠지요."

"좋은 생각이네. 도움 되는 말을 해줘서 정말 고맙군."

이런 대화의 기술을 터득하는 데는 오랜 연습이 필요하다. 하지만 실제로 대화할 때마다 이와 같은 방법을 응용하는 습관을 들이도록 노력한다면, 처음에만 어려울 뿐 별문제 없이 해나갈 수 있다.

자신에게 필요한 정보를 다른 사람에게서 알아내려면 어떻게 해야 할까? 다른 무엇보다도 "나에게 정보를 제공해주세요"라고 하는 적극적인 자세가 필요하다. 그런데 만일 상대방이 정보를 알려주고 싶어 하지 않는다면 어떻게 해야 할까? 그때는 상대방의 주의력이 당신에게 집중될 수 있도록 온갖 노력을 기울여야 한다. 그러면 상대방은 당신의 행동을 주시하면서 마음속으로 갈등을 일으키게 된다.

참고로, 상대방이 정보를 알려주고 싶어 하지 않는 데는 두 가지 이유가 있다.

첫째, 그는 자신의 주의력을 산만하게 만들고 싶지 않기 때문이다. 그는 나름대로 하는 일이 있고, 또 어떤 중요한 일에 매달려 온 정신을 쏟고 있다. 그런데 당신이 찾아가 정보에 대한 질문을 한다고 가정해보자. 그럼 그는 당신에게 대답을 해주기 위해 자신이 하고 있는 일이나 생각을 중단해야만 할 것이다. 그는 이런 상황이 벌어지는 것을 매우 싫어하고 번거롭다고 여길 수 있다.

둘째, 그에게 비밀을 지키고 싶어 하는 마음이 있기 때문이다. 그는 자신이 갖고 있는 정보를 되도록 다른 사람에게 알려주지 않는 것이 가장 안전하고, 또 안심할 수 있다고 믿는 것이다. 따라서 당신이 어떤 노력을 기울여도 그는 입을 굳게 다물고 있을 뿐이다.

그러나 그런 사람도 감정을 갖고 있으므로 당신의 노력에 마음이 움직여 정보를 알려주기도 한다. 그가 정보를 가르쳐주는 또 하나의 이유는 그의 마음속에 자기 생각이나 감정을 다른 사람에게 적극적으로 알리고 싶은 욕구가 있기 때문이다. 그리고 다른 사람에게 도움을 주고 싶다는 욕구도 정보를 알려주도록 부추기는 힘으로 작용한다.

6 정보를 제공하는 것은 즐거운 일이다

상대방으로 하여금 스스로 다른 사람에게 정보를 알려주고 싶어 하는 마음이 생기게 하려면 어떻게 해야 할까? 무엇보다 좋은 방법은 그에게 자신이 가진 정보를 다른 사람에게 알려줌으로써 즐거움과 보람을 느낄 수 있다고 칭찬해주는 것이다.

또한 상대방이 당신에게 정보를 알려주었을 때 진심으로 고마워하는 마음을 표시해보자. 그는 다른 사람에게 도움을 주었다는 기쁨과 즐거움을 더욱 오랫동안 가슴속에 간직할 것이다. 만일 그 사람이 당신의 질문 내용과는 전혀 관계없는 정보를 당신에게 말하고 있더라도 마치 그 말이 재미있고 흥미를 끌 만한 내용이라는 듯이 귀를 기울일 필요가 있다. 그 사람은 자기 생각이나 감정을 말하면서 즐거움을 느낄 테니 말이다. 그러므로 그가 하는 이야기를 끝까지 들어주도록 한다. 원하는 정보를 빨리 듣고 싶어 마음이 초조하더라도 시간적, 정신적으로 충분한 여유를 가져야 하며, 특히 그의 말을 끊지 않도록 주의를 기울일 필요가 있다.

그런데 정보를 빨리 알아내고 싶어 하는 사람은 때때로 상대방을 피곤하게 만들기도 한다. 성급하게 서두르느라 비슷한 내용의 질문을 자주 하기 때문에 상대방의 짜증을 불러일으키는 것이다. 이런 일이 여러 번 반복되면 정보를 알려주려고 마음먹었던 사람도 자신의 감정이나 생각이 자꾸 무시당한다고 느끼게 된다. 그럼 그는 더 이상 당신의 질문에 대답해주지 않을 것이다. 자신이 정보를 알려주는 기계라고 느껴진다면 어느 누구라도 기분이 좋을 리 없다. 즉, 상대방을 당신의 질문에 충실히 대답하는 일종의 기계로 여기는 한 당신은 원하는 정보를 더 이상 알아낼 수 없다.

한편, 상대방에게 정보를 알려달라고 조르면서 당신은 아무런 정보도 내놓지 않는다면 어떻게 될까? 상대방은 대화를 계속하는 것조차 피하려고 들 것이다.

끝없이 계속되는 질문으로 점점 딱딱해지는 광고회사 직원과 변호사의 대화를 살펴보자.

"어떤 직업을 갖고 계십니까?"
"변호사입니다."
"어떤 분야를 전문으로 다루십니까?"

이 두 사람의 대화가 어딘지 모르게 어색하게 느껴진다. 광고회사 직원은 계속해서 질문만 하고, 변호사는 질문에 대답만 하느라 광고회사 직원에 대한 어느 것 하나도 물어보지 못하고 있기 때문이다.

광고회사 직원은 변호사를 감정과 욕구를 가진 사람으로 대하는 것이 아니라, 마치 검사를 마쳐야 할 물건쯤으로 생각하고 있는 듯하다. 즉, 광고회사 직원은 자신의 감정과 욕구를 충족시키는 일이 무엇보다도 중요하다고 여긴다. 그래서 변호사의 반응을 살핀다거나 자기의 신변에 관계되는 일은 전혀 밝히려고 하지 않는다. 그 결과, 변호사는 광고회사 직원에게 궁금했던 여러 정보들을 하나도 알아낼 수가 없다.

광고회사 직원의 일방적인 질문 공세에 밀린 변호사는 어떻게 됐을까? 그는 자신이 평소 흥미를 느끼고 있던 광고 업무를 대화 속에 끌어들이고 싶다는 욕구를 포기했을 것이다. 어떻게 생각하면 변호사는 광고회사 직원에게 자신의 존재를 무시당한 셈이다.

만일 광고회사 직원이 변호사를 감정, 생각, 욕구를 지닌 사람으로 인정하고 자신의 주변 일들을 이것저것 털어놓았다면 두 사람의 대화는 어떤 방향으로 흘러갔을까? 다음의 예는 앞에서 살펴본 대화와 달리, 광고회사 직원이 변호사에게 자신을 둘러싼 여러 정보를 스스로 알려주는 경우이다. 다른 사람의 말을 유도해내려면 이런 방법을 응용하는 것이 반드시 필요하다.

"어떤 일을 하고 계십니까?"

"변호사입니다."

"이런 곳에서 변호사를 만나게 되리라고는 생각하지 못했습니다. 재미있는 이야깃거리도 많이 알고 계시겠네요?"

→ 광고회사 직원은 상대방에게 변호사라는 직업에 호의적인 태도를 갖고 있다는 사실을 넌지시 암시한다.

"원 별 말씀을요."

"어떤 분야를 전문적으로 다루십니까?"

"거의 민사 사건을 다룹니다. 하지만 가끔은 형사 사건이나 부동산 문제도 다루지요."

"저는 광고 일을 하고 있습니다. 우리 회사에서 CF 광고를 제작하면 그것을 어떤 방송국에, 어느 시간대에 내보내야 광고 효과가 커질까를 연구하고 결정하는 일을 하지요. 그런데 제가 듣기로는 댁이 저희 집과 가까운 125번가라고 하던데요. 그쪽은 산이 있어 공기가 맑지요?"

→ 광고회사 직원은 변호사가 묻기도 전에 자신의 직업까지 알려주었다. 그리고 변호사의 집이 125번가에 있다는 사실을 안다고 말했다. 이것은 변호사에게 진작부터 관심을 갖고 있었다는 것을 암시한다.

"네, 그쪽은 공기가 맑아서 집사람과 아이들이 무척 좋아해요."

→ 광고회사 직원과 변호사는 자기의 개인 정보를 상대방에게 자연스럽게 알려주었고, 그 정보에 대한 적절한 반응을 보이고 있다.

대화를 나누는 시간이 길어질수록 두 사람은 처음 만났을 때 품고 있었을지도 모르는 서로에 대한 낯선 느낌이나 저항감이 줄어들게 된다. 그리고 서로의 관심이나 생각을 폭넓게 주고받으면서 더 잘 이해할 수 있었을 것이다.

상대방의 감정에 대한 빠른 대처법을 강구한다

사람은 감정의 동물이다. 사람이 느끼는 감정에는 즐거움, 기쁨, 희망, 분노, 공포, 죄스러움, 치욕 등 여러 가지가 있다. 사람이 이런 감정을 밖으로 드러내는 것은 자기 주위에서 일어나고 있는 일들이나 몸속의 생리적인 변화에 반응을 보인다는 증거이다.

감정이 마음속에 생길 때 사람들은 정신적, 육체적으로 긴장하게 되고 불쾌감을 느끼기도 한다. 그래서 사람들은 될 수 있는 한 빨리 감정을 풀어버리려고 노력한다. 자신의 감정을 숨김없이 표현하는 것도 좋은 방법 가운데 하나이다.

감정을 솔직하게 표현한 경우와 그렇게 하지 않은 경우에 나타나는 현상들에 대해 살펴보자. 어떻게 하는 것이 긴장을 푸는 데 도움이 되는지 알 수 있다.

난처한 입장이나 어려운 환경에 놓여 초조해하는 사람이 있다. 그는 문제를 풀지 못해 눈물을 흘리면서 울기도 하고, 큰 목소리로 두서없이 중얼거리거나 소리치기도 한다. 이런 행위들을 마음껏 함으로써 그는 긴장감에서 벗어나 어느 정도 평온을 되찾았을 것이다. 이제 그는 마음을 차분히 가라앉히고 문제를 해결할 수 있는 여러 방법들을 찾게 된다.

이와 반대로 자신이 세운 목표를 이루어 즐거운 사람이 있다. 그의 마음속에서는 웃고 떠들며 춤추고 싶은 욕망이 들끓는다. 또한 그는 옆 사람에게 자신이 그 일을 성공시키기 위해 노력했던 과정에 대해 말하고 싶은 심정이다. 하지만 주위 사람들 때문에 꾹 참고 있다. 그는 점점 마음의 안정을 잃고 긴장하게 되며, 허둥지둥 일을 처리하느라 실수도 한다.

이처럼 감정은 사람의 마음을 움직여 어떤 행동을 하도록 만드는 힘을 갖고 있다. 그런데 이때 그 무엇보다도 중요하고 반드시 필요한 일은 감정 때문에 생긴 긴장감을 푸는 것이다. 사람들이 느끼는 정신적, 육체적 긴장감을 줄이거나 없애는 데 가장 널리 쓰이는 방법은 다른 사람과 대화를 나누는 것이다. 사람들은 말을 함으로써 자기 생각을 남에게 전달할뿐더러, 자신의 감정까지도 표현할 수 있다.

이처럼 긴장감을 푸는 방법으로 대화 요법은 음악을 듣거나 춤을 추는 것보다 효과가 훨씬 빠르게 나타난다. 그런데 대화를 통해 긴장감을 풀려면 사람의 마음속에서 일어나고 있는 여러 감정을 다루는 방법을 먼저 알아야 한다.

1 사람에 따라 감정 표현은 서로 다르다

감정은 사람에 따라 다르게 표현된다. 즉, A라는 사람이 B와 C에게 사기꾼이라고 욕을 했다고 해보자. A의 말을 듣자마자 B는 얼굴을 붉히고 삿대질까지 하며 화를 냈다. 그러나 C는 아랫입술을 꽉 깨물고 A를 쳐다보고만 있을 뿐이다. A는 두 사람 가운데 누가 더 화를 내고 있는지 쉽게 판단할 수 없을 것이다.

이처럼 똑같은 자극을 받은 두 사람이 다른 방법으로 자신의 분노를 표현하는 이유는 무엇일까? 그 이유는 사람이 나타내는 감정적 반응은 그가 가진 내적인 특성, 즉 마음 상태의 영향을 많이 받기 때문이다.

A가 욕할 때 B는 배가 몹시 고픈 상태였고, C는 조금 전에 음식을 배불리 먹었을지도 모른다. 그러므로 상대방이 놓여 있는 안팎의 상황을 제대로 파악하기도 전에 얼굴이나 차림새만으로 그가 어떤 반응을 보일지를 미리 판단해서는 안 된다.

그럼 자신의 내적인 특성 때문에 화를 내는 경우를 살펴보자.

A는 새로 나온 자동차를 사고 싶었다. 그의 자동차는 너무 낡아서 시동이 잘 걸리지 않았기 때문이다. 그런데 그가 사고 싶은 자동차의 가격이 예상보다 비싸 열흘 동안이나 고민했지만 결단을 내릴 수 없었다. 그래서 친구 B에게 의논을 하러 갔고, B는 그 자동차보다 1년 전쯤에 나온 자동차가 유지비가 적게 들고 튼튼하다며 살 것을 권했다. 그런데

A는 B의 의견을 받아들이고 싶지 않았다. A는 자신이 봐둔 새로운 자동차를 B가 사라고 말해주기를 바랐던 것이다. 그러나 B는 끝까지 자기 생각을 굽히지 않았다. 마침내 A는 화를 냈고, 그동안 B에게 느꼈던 불만들을 쏟아냈다. A는 B가 자신의 일만 중요하게 여기고 그 외의 일에는 관심이 없다고 판단한 것이다. 그래서 A는 B에게 화를 내는 것이 잘못이라고 생각하지 않았다. 그러나 A가 화를 낸 근본적인 원인은 다른 데 있었다. A는 결단을 내리지 못하고 망설이는 자신의 우유부단함과 어떤 일을 결정할 경우 반드시 다른 사람의 의견을 들어야 마음이 놓이는 습관 때문에 화가 난 것이다.

곁에서 두 사람의 대화를 듣고 있던 C는 B가 화를 내리라고 예상했다. 그러나 B는 화를 내지 않았다. C가 볼 때 B가 화를 낼 만한 이유는 충분했다. 만일 A가 C에게 화를 냈다면 C는 참지 않았을 것이다. C는 B가 어떤 생각을 하는지 알 수 없었으므로 입을 다물고 있을 수밖에 없었다.

어느 누구도 상대방의 내적인 상태를 자기 마음을 들여다보듯 읽을 수는 없다. 그러므로 그 사람이 어떻게 반응할지를 함부로 추측해 말해서는 안 된다. 왜냐하면 사람들이 희망, 근심, 불안 같은 감정들을 드러내는 데는 반드시 그만한 원인이 있기 때문이다. 즉, 감정은 매우 솔직하게 반응하는데 원인이 크면 크게, 작으면 작게 나타난다. 구체적인 예를 살펴보자.

X와 Z는 같은 회사의 팀장이다. 두 사람은 입사 동기여서 똑같은 시

기에 승진을 해왔다. 그런데 얼마 전에 차장 한 명이 사표를 냈고, 두 사람은 먼저 승진하기 위해 보이지 않는 경쟁을 했다. 어느 날 X는 부장과 대화를 나누다가 Z를 헐뜯는 말을 하고 말았다. 그런데 X는 곧 그 사실을 깨닫고 자신이 동료를 중상 모략했다는 생각에 괴로워했다. 하지만 X가 한 말은 부장에게 아무런 영향도 끼치지 않았기 때문에 Z는 피해를 입지 않았다. 반면 X는 불안한 마음을 떨쳐버릴 수 없었다. 그렇다면 무엇이 X를 이처럼 오랫동안 괴로워하고 불안하도록 만들었을까?

그것은 X가 Z에게 나쁜 일이 생겼으면 좋겠다고 마음속으로 늘 바라왔기 때문이다. 그렇게만 된다면 더 이상 Z와 승진 때문에 다투지 않아도 된다. X는 자신도 모르게 Z의 불행을 바라고 있었으므로 그가 가진 불안과 괴로움은 그 바람에 비례해 커졌던 것이다.

2　감정의 초점은 옮겨 다닌다

감정은 논리적으로 설명할 수 있는 것이 아니다. 그 이유는 감정의 초점이 이리저리 움직이기 때문이다. 앞에서 살펴본 사례에서 A는 B의 충고를 받아들이기는커녕 오히려 화를 냈다. 이때 분노의 감정은 다른 곳으로 옮겨간 것이다. 즉, A는 자신의 우유부단함과 의타심 때문에 화가 난 것인데도, B를 향해 자기감정을 마구 표현했다. 마찬가지로 X가 불안해했던 이유는 무의식적으로 Z가 잘못되기를 바라왔기 때문인데, 오히려 부장에게 Z를 비방하는 말을 했기 때문이라고 믿고 있는 것이다.

그렇다면 사람의 감정은 왜 초점을 바꾸는 것일까? 그 이유는 사람이라면 누구나 마음속의 불쾌한 감정을 감추고 싶은 본능이 있기 때문이다. 이 본능은 자신의 불쾌한 감정이 갑자기 밖으로 드러날까 봐 겁을 먹고 있다. 그러므로 위험한 상황이 닥치기 전에 셔터를 누름으로써 자신의 감정을 숨기는 것이다.

상대방의 마음을 움직이는 대화 습관

3 어떤 경우에도 감정은 논리적일 수 없다

지금 화를 내거나 근심에 휩싸인 어떤 한 사람이 있다고 가정해보자. 그에게 화를 내거나 걱정하는 것은 이치에 맞지 않으니 그만두라고 조언해도 그는 듣지 않는다. 그렇다고 상대방의 불안이나 근심 따위를 논리적으로 설명하고 이치에 맞게 따져서 없애주겠다고 마음먹은 사람은 어리석다. 그럴 때는 오히려 논리나 이치 같은 것들이 감정을 경직시키기 때문이다.

논리로 상대방의 감정을 억누르려는 사람에게 상대방은 자신의 감정을 더 이상 표현하려 들지 않는다. 그가 자신의 감정을 솔직히 드러낼 때마다 논리적인 말에 의해 거절당하거나 그 표현을 하지 못하도록 방해받는다면 어떻게 될까? 그의 정신적, 육체적 긴장 상태는 더욱 악화될 것이다. 그러나 사람들은 대부분 자기도 모르는 사이에 상대방의 불쾌한 감정을 자신의 논리적인 생각으로 풀어주고 싶어 한다. 이런 욕심은 상대방의 감정이 너무 비논리적이고 이치에 맞지 않는다고 판단하기 때문이다. 그러므로 자신이 한두 마디의 말을 해주면 상대방의 상태가 금방 나아지리라고 믿는 것이다. 또한 이 기회를 통해 자기가 영리하다는 것을 다시 한 번 인정받길 원한다.

그런데 자세히 따져보면 논리적이려고 애쓰는 사람의 말도 이치에 맞지 않는 경우가 많다. 상대방이 나타내는 감정의 원인이 무엇인지를 정확히 파악하지 않고 덤벼들기 때문이다. 그러므로 그는 얼마 되지 않아 그 일에 실패할 것이다.

예를 들어, 수영을 못하는 사람이 있다고 해보자. 어느 날 그의 친구가 함께 배를 타러 가자고 했다. 그는 배가 뒤집혀 물에 빠지면 죽을지도 모른다고 걱정했다. 그러나 그는 자신의 감정을 솔직하게 말하면 친구가 겁쟁이라고 놀릴 것이라고 생각했다. 그래서 배가 뒤집혀 물에 빠지면 감기에 걸릴지도 모른다며 싫다고 대답했다. 친구는 요즘 물은 따뜻해서 감기에 걸리지 않는다며 계속 함께 가자고 졸랐다.

친구는 그가 배를 타러 가기를 꺼려 하는 진짜 이유를 모르기 때문에 불안한 감정을 없애줄 수 없다. 설령 물을 두려워하는 진짜 이유를 알았다고 해도 그의 공포심을 논리적으로 설명해 제거하기란 쉽지 않은 일이다.

사람의 감정은 이치로 따져 평가될 수 없을 뿐 아니라, 앞뒤가 분명한 논리로도 대응할 수 없다. 사람의 내면세계는 외모만큼이나 제각각의 모습을 지니고 있기 때문이다. 그러므로 이제부터는 다른 사람이 어떤 감정을 표현할 때 그 앞에서 논리나 이치를 내세우려고 애쓸 필요가 없다. 이런 노력은 오히려 상황을 나쁘게 만들기도 한다.

상대방의 감정에 적절히 대응하는 방법들을 생각해보자. 먼저 상대방으로 하여금 자신의 감정을 전부 드러내 보이도록 재촉하는 방법이 있다. 앞에서도 말했듯이, 마음속에 즐거움, 기쁨, 분노, 괴로움 따위의 감정이 생기면 사람은 누구나 정신적, 육체적으로 긴장하게 된다. 이런

상대방의 마음을 움직이는 대화 습관

긴장 상태가 오랫동안 지속되면 그 사람은 마음의 균형을 잃게 되어 다른 사람의 말에 귀를 기울이지 않는다. 그러므로 상대방의 얼굴이나 말속에서 감정의 변화가 드러날 경우에는 곧바로 그가 감정을 마음껏 표현할 수 있도록 말로써 유도해줄 필요가 있다. 그러나 한껏 긴장된 상태라면 되도록 입을 다물고 있는 편이 좋다. 그 대신 상대방이 마음속에 품고 있는 말들을 모두 쏟아낼 수 있도록 도와준다.

어떤 회사의 팀장과 팀원이 대화를 나눈다고 가정해보자. 팀장은 그 팀원에게 팔을 걷어붙여야 하는 궂은일을 하라고 지시했다. 팀장 옆에 마침 그 팀원이 있었기 때문에 그런 지시를 내렸던 것이다.

"민수 씨, 문 앞에 쌓여 있는 물건들을 창고 안으로 좀 들여놓지."

"저는 이런 일만 하는 놈인가요? 이제는 신물이 납니다."

"왜 내가 자네한테만 힘든 일을 시킨다고 생각하는 거지?"

"그걸 제가 압니까? 하지만 이제는 정말 진절머리가 납니다. 어떨 때는 다리가 후들거려요."

"자네는 마치 내가 다른 사람은 제쳐두고 자네가 나타나기를 기다리고 있었다는 듯이 말하는군."

→ 팀장은 팀원이 이야기를 계속하도록 유도하고 있으며 그 팀원의 처지도 정확히 확인할 필요가 있다고 생각했다.

"꼭 그렇다는 것은 아닙니다. 하지만 이런 일을 제가 가장 많이 하는 것은 사실이잖아요."

"자네가 그런 생각을 하는 줄은 모르고 있었네."

→ 팀장은 팀원의 말에 반박하려고 하지 않는다. 오히려 자기가 모르고 있는 것을 그가 가르쳐주어 참고가 되고 있다는 듯이 말한다. 팀원은 팀장의 말투나 표정을 통해 자신의 말이 긍정적으로 평가받고 있다고 판단한다. 이와 같은 대화법은 팀원으로 하여금 말을 더욱 많이 하도록 유도하는 구실을 한다. 팀원은 조금씩 감정이 누그러진다.

"저도 일에 대한 불평을 늘어놓고 싶지는 않아요. 그러나 가끔씩 짜증이 나는 것은 어쩔 수 없잖아요. 아무리 생각해봐도 팀장님은 다른 일은 공평하게 시키시는데, 이 일은 그렇지가 않습니다."

→ 팀원은 어느 정도 자신의 감정을 드러내 보인 후 안정을 되찾고 있다. 그는 상황을 이성적으로 판단하기 시작한다. 팀장이 다른 일은 공평하게 시키고 있다고 말한 것은 그가 팀장의 말을 받아들일 준비가 되어 있음을 나타낸다. 드디어 사실을 밝힐 수 있게 됐다.

"그동안 힘든 일은 모두 자네에게 시킨다고 생각해왔으니 화가 나는 것은 당연하지. 그러나 내 기억으로는 그런 것 같지 않은데. 특히 오늘은 자네가 그 일을 할 수밖에 없지 않았나? 이전의 일도 다시 한 번 잘 생각해보라고, 응?"

→ 마침내 팀장은 다른 사람과 비교해봤을 때 그동안 팀원이 해온 일들이 유난히 많았는지를 알아보도록 화제의 방향을 바꿀 수 있었다. 두 사람은 얼마 후 구체적인 사례들에 대해 이야기를 나누었고, 팀원은 자기가 오해했음을 인정했다.

대화에서 느낄 수 있듯이, 팀장은 특별히 이 팀원에게만 힘든 일을 맡겨온 것은 아니다. 그래서 팀장은 사원의 불평을 들었을 때 자신은 공평하게 일을 시킨다는 사실을 알려주고 싶었다. 팀원이 그 사실을 깨달으면 분노나 짜증도 자연스럽게 없어지리라고 판단했기 때문이다.

한편, 팀원은 그동안 자신이 공평한 대접을 받았는지, 궂은일을 도맡아왔는지에 대해 자신이 더 잘 알고 있다. 그런데 이번에는 왜 화를 냈을까? 불만이 있으면 이치를 따져가며 항의할 수 있을 텐데도 말이다. 그는 사실 다른 일 때문에 잔뜩 화가 나서 흥분한 상태였다. 이럴 때 팀장에게 명령을 받아 그쪽에 화풀이를 한 것이다. 그러니 팀장이 그에게 왜 화를 내느냐고 따지는 일은 어리석을 뿐이다.

또 다른 경우를 살펴보자. 어떤 회사에 박 차장이 있었다. 그런데 민수라는 사원은 출근하자마자 싸가지고 온 토스트와 감자튀김을 아침식사로 매일 먹었다. 그런 탓에 아침 회의가 늦어질 때가 종종 있었다. 그래서 차장은 주의를 한 번 주어야겠다고 생각했지만, 근무 중에 배를 채우면 안 된다는 사칙이 있는 것도 아니어서 선뜻 말을 꺼낼 수 없었다.

여자 사원인 유리는 화장이나 의상이 야한 편이다. 손톱도 너무 긴 데다 현란하고, 입술 화장도 늘 과한 느낌이다. 게다가 요즘에는 허벅지가 지나치게 드러나는 짧은 치마를 즐겨 입어 남자 사원은 물론, 사무실을 찾는 손님들에게도 부끄러운 모습이었다. 어떤 조치를 취하지 않으면 안 되겠다고 생각하던 차에 부장이 박 차장을 불렀다.

"박 차장의 직속 사원 중에 굉장히 멋쟁이 아가씨가 있더군. 유리라고 했던가? 유리 양에게는 미안한 말이지만, 마치 무슨 밤거리 여자 같지 않던가? 그런 차림은 우리 회사 성격에 어긋나는 것 같은데. 주의를 좀 주도록 하지."

이제 더 이상 방치할 수가 없게 됐다. 그렇다고 단도직입적으로 주의를 주면 "어머, 이것은 어디까지나 사적인 문제 아닌가요? 사칙에 짧은 치마를 입지 말라고 되어 있던가요?"라고 반발할지도 모른다. 그럼 박 차장은 오히려 말문이 막히게 될 것이다. 그렇다면 어떻게 말하는 것이 좋을까? 사실 사람에게 주의를 주거나 비판의 말을 하는 것은 화술에서도 상당히 어려운 분야에 속한다. 특히 여자 사원의 개인적인 문제인 화장이나 의상 문제를 지적하는 일은 더욱 그렇다.

따라서 이런 문제를 해결할 때는 먼저 여러 사람 앞에서 공공연히 비판하는 편이 효과적인지, 아니면 조용한 곳으로 따로 불러서 몰래 비판하는 편이 효과적인지를 따져봐야 한다. 민수와 유리의 경우, 다른 동료들 앞에서 비판하는 편이 좋을 수도 있다. 하지만 이런 문제는 어디까지나 민수와 유리의 성격에 달려 있다.

그래도 가장 효과적인 방법은 당사자만 따로 불러놓고 먼저 그의 장점을 칭찬한 뒤 어떤 점을 고치면 더 좋을 것 같다는 식으로 말하는 것이다. 이와 관련해 심리학자들은 "어리석은 자만이 타인을 노골적으로 비판한다"고 말한다.

그렇다면 타인을 비판하는 요령에 대해 살펴보자.

1. 다른 사람들 앞에서가 아니라, 몰래 그 사람만 불러서 비판한다.

2. 웃는 얼굴로, 애정이 가득한 태도로 비판한다.

3. 처음에 다른 점을 칭찬한 뒤, 어떤 점을 고치면 더 좋을 것 같다고 조심스럽게 말을 꺼낸다.

4. 상대방이 흥미를 가질 만한 방법으로 접근한다. 즉, 상대방에게 부담이 가지 않도록, 그리고 동료들이 알지 못하도록 접근해야 한다.

5. 건설적으로 비판한다. 즉, 결점을 깨닫게 하는 것에서 끝내서는 안 된다. 어떻게 비판해야 좋을지 모르겠다면 차라리 가만히 있어라.

6. 비판이 끝났을 때는 다시 한 번 장점을 칭찬한 뒤 등을 툭툭 두드려준다.

이것을 여자 사원 유리의 경우에 적용해본다면, 먼저 그녀를 별실로 부른다. 그것도 여러 사람 앞에서 불러내면 동료들의 입에 오르내릴 수 있으므로 조용히 불러내도록 한다. 그리고 조용히 두 사람만의 자리가 마련되었으면 웃는 얼굴로 "요즘 일처리 솜씨가 많이 나아졌던데, 열심히 하는가 봐?"라고 말한다. 또는 본질의 변죽을 울리면서 시작하는 방법으로 "오늘 헤어스타일 멋진데! 유리 양은 언제 봐도 깔끔하고 매력적이란 말이야!"라고 말하는 것도 괜찮다.

이때 조심할 것은 이쪽의 말이 상대방에게 거짓말로 들리거나 놀리는 말로 받아들여지지 않도록 해야 한다는 점이다. 그리고 먼저 칭찬의 말을 해주고 상대방이 흥미를 가질 만한 화제를 꺼낸다. 그런 다음 치마 길이는 약간 긴 편이 더 멋질 것 같다고 건설적으로 비판하면 된다. 반드시 등을 두드려줄 필요는 없으며, 단지 그런 기분으로 헤어지면 되는 것이다.

 자신의 감정을 깨달을 수 있도록 도와준다

감정은 무의식 속에 숨어서 사람으로 하여금 어떤 행동을 하도록 부추긴다. 즉, 어떤 사람은 자신이 지금 화를 내고 있다고 인식하지도 못한 채 화풀이를 서슴지 않는다. 또 아무 이유 없이 불안해한다든지, 죄책감에 사로잡혀 숨어 지내기도 한다. 사람의 무의식 속에 깊이 숨어 있는 감정에 대응하려면 어떤 방법을 동원해야 할까? 예를 들어 알아보자.

비즈니스맨이 비협조적인 고객과 대화를 나누고 있다. 고객은 비즈니스맨이 빨리 돌아가기만을 바라고 있는 중이다. 고객의 마음은 아침부터 편하지 않았기 때문에 비즈니스맨에게 친절할 수 없었다. 이런 상황을 파악한 비즈니스맨은 자신의 노력이 헛수고가 되지 않도록 다음과 같은 대화법을 사용했다. 고객 스스로 자신의 감정을 알아차리도록 유도하는 방법이다. 이때 중요한 점은 고객이 자신의 감정에 집중할 수 있도록 신경 써야 한다는 것이다.

"실례지만 고객님, 혹시 저나 저희 회사에 불만 사항이 있으신가요? 저희 회사 제품을 살펴보고 싶지 않으신 것 같은데, 그렇다면 할 수 없지요. 오랜 시간 고객님의 기분을 헤아리지 못하고 머물러 있어서 죄송합니다. 만일 저나 저희 회사에 못마땅한 점이 있으시면 말씀해주세요. 저희가 할 수 있는 일이라면 최선을 다해 서비스하겠습니다."

　비즈니스맨의 정중한 말을 들은 고객은 한 번쯤 자신의 감정을 되돌아보게 된다. 그리고 '내가 왜 신경질을 냈을까? 이 사람은 내가 왜 화를 냈는지 알고 있을까?' 라고 반성할 것이다. 결국 고객은 아침에 있었던 다른 일 때문에 하루 종일 기분이 좋지 않은 상태였고, 그 기분이 오후까지 계속되고 있다는 사실을 깨닫는다. 그럼 비즈니스맨에게 미안한 마음을 갖게 되고 그 마음을 표현할 것이다. 결국 비즈니스맨은 고객으로 하여금 생각을 말하도록 유도함으로써 그의 감정이 풀어지게 도운 것이다. 이때부터 두 사람 사이의 분위기는 새롭게 바뀌고, 대화가 부드럽게 진행된다.

5 표현된 감정을 비난하지 말고 받아들인다

이혼을 하게 된 어떤 여자가 친구를 찾아왔다. 그녀는 마음속에 있는 괴로움, 슬픔, 분노 따위의 감정들을 마구 쏟아냈다. 친구는 그녀의 말을 들으며 고개를 끄덕이거나 다정스레 손을 잡아주었을 뿐이다. 그녀는 차츰 평온을 되찾았으며, 울음도 그쳤다. 그리고 말소리도 작고 낮아졌으며, 때때로 체념하는 듯한 미소도 지었다.

이처럼 극단적으로 흥분된 감정을 밖으로 표현한 사람의 기분을 안정시키려면, 어떤 비판이나 결정은 뒤로 미루는 것이 현명하다. 즉, 듣는 사람은 자신의 느낌을 드러내는 일을 잠시만이라도 자제할 필요가 있으며, 왜 자기를 찾아와 그런 하소연을 늘어놓느냐며 나무라서는 안 된다. 상대방은 자기 처지에서 복잡한 감정들을 느끼고, 그것들을 누군가에게 털어놓은 뒤 위로받고 싶은 것이다. 이런 일은 누구나 경험할 수 있기 때문에 비난하는 말은 삼가는 것이 상대방을 돕는 방법이다.

사람의 감정을 억지로 막는 것은 불가능하다. 즉, 어떤 감정을 느꼈을 때 그에 상응하는 행동을 의지로써 참을 수는 있지만, 그런 감정 자체까지 막을 수는 없다. 따라서 상대방에게 "그런 감정을 품어서는 안 된다"라고 말한다면 상대방은 불안감에 휩싸이게 된다. 왜냐하면 그런 감정을 자제하지 못했다는 쓸데없는 죄책감까지 갖게 되기 때문이다.

상대방이 화를 내거나 불안해한다면 "당신 기분을 잘 안다"라고 말한다. 예를 들어, 고객이 비즈니스맨에게 상품 납품이 늦었다며 "상품을 제때 납품도 못해주면서 계속 거래를 해달라고 부탁하다니, 너무 뻔뻔하다고 생각하지 않나요? 제품이 늦게 도착해서 얼마나 손해를 본 줄 알기나 해요?"라고 화를 냈다고 해보자.

비즈니스맨은 일의 자초지종을 설명하기 전에 "납품이 늦어져 정말 죄송합니다. 본의 아니게 피해를 입혀 드렸군요. 손해는 얼마나 보셨습니까? 지금이라도 저희들이 도와드릴 일은 없을까요?"라며 고객의 감정을 풀어주려고 한다.

이러한 비즈니스맨의 말에 고객의 기분은 조금 나아졌다. 이때 비즈니스맨은 조심스럽게 과거의 납품 실적이 좋았던 점을 말한다. 이번에는 약간의 착오 때문에 납품이 늦어졌으므로, 다시는 이런 일이 없도록 노력하겠다고 다짐함으로써 회사와 자신에 대한 신뢰를 회복시켜 나간다.

마찬가지로, 자신이 극한 감정 상태에 놓여 있다면 그 감정을 모두 털어놓고 말할 수 있는 기회를 만들어야 한다. 또한 감정을 명명백백하게 규명하는 습관도 길러야 한다. 그런 후 자신의 감정을 솔직하게 인정하고 받아들이도록 하자.

상대방의 주의와 관심을 이끌어낸다

상대방의 관심이 다른 곳에 쏠려 있는 상태에서 말을 계속하는 것은 대화라고 할 수 없다. 그것은 독백에 불과하다. 그러므로 대화를 나누는 두 사람은 상대방의 관심이 자기에게 집중될 수 있도록 노력을 기울여야 한다.

그렇다면 상대방의 주의를 끌 수 있는 방법은 무엇일까? 사람의 주의력은 매우 이기적인 성질을 지닌다. 그래서 늘 자기의 호기심을 충족시키고, 이익을 주는 쪽으로 기울게 된다. 그러므로 이쪽이 하는 말이 유익하고 재미있는 내용이라면 상대방의 주의력은 자연히 오랫동안 지속된다.

그럼 지금부터는 대화할 때 효율적으로 말하는 방법에 대해 알아보자. 이는 상대방의 주의력을 집중시키는 데 더 큰 효과를 발휘한다.

1 필요한 내용만 요약해서 말한다

A라는 비즈니스맨은 고객들에게 "말을 참 잘한다"라는 칭찬을 듣는다. 반면, 주위 동료들은 그가 자기들보다 상품을 더 많이 파는 특별한 비법을 갖고 있다고 생각한다. 그러나 그가 숨겨 놓은 비법은 없다. 단지 그는 고객을 만나 상품을 설명할 때 요령 있게 말할 뿐이다. 즉, 그는 상품의 기능이나 다루는 방법 등을 설명할 때 결코 장황하게 말하지 않는다. 자기 생각을 중간에 끼워 넣는 것은 되도록 피하면서, 고객이 상품을 이해하는 데 반드시 필요한 말들을 쉽게 표현하기 위해 애쓴다. 그래서 그가 고객과 대화를 나누는 시간은 동료들에 비해 매우 짧은 편이다. 즉, 그는 고객이 상품에 관심을 갖고 그의 말에 주의를 기울이는 시간 안에 설명을 모두 끝내는 것이다. 그만큼 고객은 자기 시간을 뺏기고 있다거나 지루하다는 생각을 하지 않는다. 한마디로 A는 자신이 전달하고자 하는 내용과 관계된 말만 경제적으로 함으로써 상품 판매 실적을 높이고 있는 것이다.

말을 알아듣기 쉽게 할 수 있다는 것은 상대방에게 머리가 좋다는 인상을 심어주는 데 중요한 구실을 한다. 단, 문제는 어떻게 하면 말을 쉽게 할 수 있는지 하는 점인데, 이것은 의외로 간단하다.

즉, 말을 알아듣기 쉽게 하기 위해서는 첫머리에 "오늘 말씀드릴 주제는 세 가지입니다"라는 식으로 미리 요점 정리를 한 뒤, 각각의 주제에 대해 대략적인 설명을 해나가는 것이 가장 효과적이다. 그 이유를 약간 과장해서 설명하자면, 사람은 앞을 내다보는 유일한 동물이기 때문이다. 즉, 본격적으로 이야기를 듣기 전에 전체 맥락을 잡을 수 있다면 이야기를 듣는 과정에서 다음에는 이러이러한 말이 나오겠구나라는 예측이 가능하다. 이렇게 마음의 준비가 되어 있는 상태에서 이야기를 듣는다면 알아듣기 쉬운 것이 당연하지 않겠는가.

이 방법은 상대방의 능력을 빌려서 자기의 머리가 좋다는 인상을 심어주는 방법이기도 하다. 또한 상사에게 업무 보고를 때 결론부터 전달하면 "영리한 직원이다"라는 인상을 강하게 심어줄 수 있다. 특히 바쁜 상사에게는 어떤 업무가 성공인지, 실패인지에 대한 결론부터 보고하는 편이 그를 초조하지 않게 만든다. 불필요한 머리말은 상사를 피곤하게 할 뿐이라는 사실을 기억해두자. 같은 실패를 설명하더라도 결론을 먼저 말하느냐, 뒤에 말하느냐에 따라 상사가 사원에게 받는 인상은 전혀 달라진다.

2 엉뚱한 이야기를 하지 않는다

사람들은 대화를 나누면서 종종 주제에서 벗어난 말을 하고, 이런 현상이 우연히 일어났을 뿐이라고 생각한다. 그러나 이것은 어느 한쪽에서 대화의 목적과 관계없는 엉뚱한 말을 했기 때문에 발생한 사고이다.

그렇다면 사람들은 왜 엉뚱한 말을 하는 것일까? 사람은 대부분 다른 이들과 사귀고 싶은 욕망을 갖고 있다. 그런데 단순히 정보만 교환해서는 서로의 관계가 돈독해지지 않는다. 그래서 상대방에게 자기 주변 일들에 대해 이것저것 말하는 것이며, 상대방이 자기 말에 관심을 갖고 호응해주기를 바란다. 어떤 일에 대해서는 상대방이 조언도 해주기를 원한다. 즉, 그는 상대방에게 자기 존재를 인정받길 원할 뿐 아니라, 이해도 구하고 싶은 것이다. 이런 욕구가 채워지지 않으면 그는 소외감을 느낀다.

팀장이 부장에게 업무 보고를 하고 있다. 그는 자기 생각을 보고 내용과 뒤섞어 말함으로써 부장의 주의력을 산만하게 만들어 놓았다. 두 사람의 대화에서 팀장이 말하고자 하는 바가 무엇인지를 알아보자.

"김 팀장, 지시한 정보는 알아냈나?"

"일단 부장님께서 만나보라고 하신 분들은 모두 찾아뵈었습니다. 무척 호의적으로 협조해주시는 분들도 계셨습니다. 기분이 참 좋던데요. 하지만 정보를 털어놓지 않으려고 트집을 잡는 분도 계셔서 애먹었습니다. 굉장한 끈기와 인내심을 발휘해 끝까지 매달려서 정보를 알아내긴 했지만, 지금 생각해도 다시는 만나고 싶지 않습니다.”

“쉬운 일이 아니라는 것은 알고 있었네. 그러나 자네의 능력이라면 충분히 해낼 수 있으리라 믿었지.”

“네, 결코 쉬운 일은 아니었습니다. 어떤 분은 자료란 자료는 몽땅 꺼내주시는 바람에 필요한 정보만 정리하는 데도 이틀 밤을 꼬박 새웠지 뭡니까!”

“수고했네. 그럼 언제까지 보고서를 작성할 수 있겠나?”

“자료를 일목요연하게 정리하는 일도 시간이 꽤 걸릴 것 같습니다. 중요한 자료는 따로 구분해 놓아야 하고요. 부장님께서는 제가 그분들과 다시 한 번 만났으면 좋겠다고 생각하실지 모르겠습니다. 그러나 제 생각에는 자료가 이 정도면 충분하다고 봅니다.”

“그럼, 충분하고 말고. 전에도 이런 보고서를 만든 적이 있거든.”

“아, 그렇습니까?”

“그래, 이번에는 내가 무척 바빠서 도와줄 수 없는데……. 그래도 보고서는 다음 주말까지 완성할 수 있겠지?”

“그때까지는 할 수 있을 겁니다. 제 나름대로 짜놓은 보고서 작성 프로그램이 있습니다. 기대해주십시오.”

이 대화만 봐도 팀장이 자신의 인내, 끈기, 재치, 성실함을 드러내고 싶어 한다는 사실을 알 수 있다. 그래서 그는 부장의 질문에 간단명료하게 대답하지 않고 엉뚱한 말을 덧붙인다. 더욱이 그는 부장의 관심을 끌고 싶어 할 뿐 아니라, 자신의 호기심까지 충족시키려는 욕심도 품고 있다.

상대방이 하는 엉뚱한 말은 간혹 그를 이해하는 데 도움이 된다. 그의 성격을 좀 더 정확히 파악할 수 있고, 원하는 바가 무엇인지도 알 수 있는 것이다. 하지만 이렇게 엉뚱한 말을 넣는 것은 좋은 대화법이라고 할 수 없다. 대화를 할 때는 늘 주제를 잊지 않도록 노력해야 한다. 즉, 말을 하면서도 '이것이 주제와 어떤 관계가 있지?', '나라면 이 이야기에 귀를 기울일까?' 라고 스스로에게 질문해야 하는 것이다.

요점을 몇 가지로 정리해 말하는 것도 좋은 방법이다. 이 경우 한 가지는 왠지 허전하고, 두 가지는 둘로 나뉘는 듯한 느낌이 든다. 가장 안정감 있어 보이는 경우는 세 가지로 정리해서 말할 때이다.

이 방법을 적절히 사용한 예로 존 커티스라는 사람을 들 수 있다. 그는 제2차 세계대전에 참전했다가 독일군에게 포로로 잡혔는데, 감시가 철저하기로 유명한 포로수용소에서 탈출하는 데 성공했다. 그리고 전쟁이 끝난 후 어느 회사에 입사해 부사장 자리까지 오른 특이한 경력의 소유자이다. 존과 만난 사람들은 예외 없이 그의 설득력 있는 표현법에 놀라곤 한다.

그는 어떠한 문제에 대해서도 "그것에는 세 가지 답이 있습니다" 또는 "문제점이 세 가지 있습니다"처럼 '세 가지'로 이야기를 정리한다.

그럼 상대방은 쉽게 이해할 수 있고, 전체 이미지도 머릿속에 그려나갈 수 있다. 이 '세 가지'를 '한 가지'로 좁힐 경우 상대방에게 독단적인 인상을 심어주게 된다. 또한 '두 가지'는 억지로 갖다 붙인 것처럼 부자연스러운 느낌을 준다. 반면 '세 가지'로 정리해서 말하면 상대방에게 좋은 인상을 심어줄 뿐 아니라, 이야기를 하는 사람도 머릿속에 생각이 정리되어 말을 쉽게 이어나갈 수 있다.

3 짧게 설명하고 반응을 관찰한다

대화를 할 때 한꺼번에 너무 많은 말을 하는 것은 좋지 않다. 또한 몇 가지 내용을 전달하는 것이 대화의 목적이라면, 반드시 한 가지씩 차근차근 말해야 한다. 상대방에게 그 말을 듣고 이해할 수 있는 시간적 여유를 주어야 하는 것이다. 즉, 상대방의 마음을 움직이거나 어떤 특별한 사실을 알리고 싶다면 한 번에 20초 이상 말해서는 안 된다.

비즈니스맨이 고객에게 상품을 소개하고 있다. 그는 고객의 감정이나 견해는 살피지 않은 채 쉴 새 없이 말을 이어간다.

"Y씨, 저희 회사에서 새로 내놓은 이 제품은 인기가 높아서 찾는 사람이 점점 늘어나고 있습니다. 대리점을 열고 싶어 하는 사람들이 직접 찾아오거나 전화를 하기 때문에 직원들은 잠시도 자리를 비우지 못하는 형편이지요. 그동안 저희 회사에서 만든 상품들 가운데 최대 히트작이라고 할 수 있습니다. 디자인 좀 보세요. 부드러운 곡선과 모노톤의 색감에서 현대적인 세련된 감각을 느낄 수 있지 않습니까? 우리나라에서 손꼽히는 디자이너가 디자인한 것이지요. 또한 이 제품은 매우 튼튼해서 실용적입니다. 1년 동안 품질을 보증하지만 저희 회사 연구진은 10년 정도는 사용할 수 있다고 말합니다. 저희 회사에서는 이 제품의 판매를 촉진하기 위해 광고에 막대한 비용을 쏟아 붓고 있

상대방의 마음을 움직이는 대화 습관

지요. Y씨도 요즘 신문과 텔레비전에서 이 제품을 선전하는 광고를 보셨을 겁니다. 광고 CM송은 아이들이 따라 부를 정도로 인기가 높지요. 게다가 가격은 품질에 비해 무척 싼 편이고요. 또 지불 조건도 다른 회사보다 더 낫다고 대리점 점주들이 좋아합니다. 다량으로 구입하시면 10퍼센트 내지 20퍼센트 정도 깎아드립니다. 납품 날짜에 대해서는 걱정하지 마세요. 저희 회사는 약속한 시간 안에 물건을 갖다드리는 것을 가장 큰 자랑으로 여기고 있습니다."

고객은 비즈니스맨이 전달하고자 하는 상품 정보를 얼마만큼 이해했을까? 그는 과연 상품 구매 계약서에 서명을 했을까? 이 비즈니스맨은 상품의 특징 가운데 한 가지만 짧게 요약해서 설명한 후 고객의 반응을 주의 깊게 살폈어야 한다. 예를 들어, 디자인 특징을 말한 후 고객의 태도가 긍정적인지, 부정적인지를 관찰하는 것이다. 만일 고객이 부정적인 의견을 제시하면 비즈니스맨은 다시 한 번 디자인의 장점을 설명할 수 있다. 그럼 고객은 비즈니스맨의 말을 더욱 쉽게 이해했을 것이다. 또한 제품뿐 아니라 비즈니스맨에게도 호감과 신뢰감을 느끼게 된다.

또 한 가지 주의할 점이 있다. 물건이나 사람, 또는 어떤 사실에 대해 설명할 경우 형용사 같은 수식어가 두 개를 넘지 않도록 해야 한다.

예를 들어, A가 가족에게 B라는 친구의 모습을 설명하고 있다.

"B는 키가 크고 말랐어."

A의 가족은 금방 B의 모습을 머릿속으로 그려볼 수 있다. 그런데 만

일 A가 다음과 같이 설명했다고 해보자.

"B는 키가 작고 건장하고 배가 나오고 근시야."

A의 가족은 A가 말한 내용을 정리하는 데 더 많은 시간을 가져야 할 것이다. A가 B의 네 가지 모습을 반드시 설명하고 싶다면 어떻게 하는 것이 효과적일까? 먼저 A는 B의 모습을 2개만 설명한 뒤 가족의 반응을 살핀다. 가족이 고개를 끄덕이는 등 알아들었다는 표현을 하면, A는 B가 가진 나머지 2개의 특징을 말한다. 그럼 A의 가족은 B의 모습을 더욱 쉽게 머릿속에 떠올릴 수 있고, 친근감마저 느낄 것이다.

또 하나의 예로, 어떤 문장이 이해하기 쉬운지에 대한 실험이 있었다. 만화의 한 부분을 오려낸 뒤 몇 사람에게 보여주고 그것을 문장화시켰다. 그 문장을 다른 사람들에게 읽게 하고 이해하기 쉬운 것과 어려운 것을 고르게 했더니 문장이 짧을수록 쉽고, 장황할수록 어렵다는 결론이 나왔다. 즉, 짧은 문장은 주어와 술어가 떨어져 있지 않은 데다, 문장 전체의 호흡이 빠르고 또렷해 이해하기 쉬웠던 것이다.

문장뿐 아니라 말에서도 '~입니다만, ~이어서, ~이기 때문에' 라는 말을 넣어 이야기를 질질 끌면 상대방은 이야기의 핵심을 파악하기 어렵다. 심지어 말하는 사람에게 답답함까지 느껴 불쾌감으로 번지기도 한다. 특히 말할 때나 글을 쓸 때 질질 끄는 사람들은 접속사 '~지만' 을 많이 사용하는 경향이 있다. '~지만' 을 넣었으면 하는 부분에서 '~입니다' 로 일단 끊는 것이 상대방을 이해시키기 쉽고, 자기 자신을 똑똑한 사람으로 인식시킬 수 있는 방법이다.

상대방의 마음을 움직이는 대화 습관

4 똑같은 내용을 반복해서 말하지 않는다

어떤 사람은 대화를 하면서 똑같은 내용을 반복하거나, 이미 알고 있는 사실을 되풀이해서 말하기도 한다. 그러면 상대방은 짜증이 나고, 대화 속도는 자연히 떨어져 처음만큼 대화가 흥미롭지 않다. 그뿐 아니라 상대방이 알고 있는 내용을 자꾸 반복해서 말하면 오해를 살 수도 있다. 즉, 상대방은 말하는 사람이 자기를 머리가 나쁘거나 무식하다고 느끼기 때문에 반복해서 말한다고 오해할 수 있는 것이다. 이럴 경우 상대방은 대화를 그만두고 싶어 하고, 자꾸 다른 것으로 관심을 돌리려고 한다.

"요즘 아이들은 부모를 무서워하지 않아. 부모도 엄하게 가르치지 않고 말이야."

"그래, 자네 말이 옳아. 오히려 자식이 부모에게 대드는 세상이 돼버렸어. 그러니 어떻게 버릇을 가르치겠나?"

"우리 어렸을 때만 해도 부모님 말씀이라면 꼼짝을 못했는데."

"그럼. 옛날에는 아무리 자기 자식이 귀해도 드러내놓고 예뻐하지는 않았지. 요즘 부모들은 아이들이 원하는 것을 무조건 다 해주더라고, 쯧쯧!"

"자식이 원하는 것을 들어주지 않으면 성격이 비뚤어질까 봐 쩔쩔

매는 꼴이 어디 부모 모습이라고 할 수 있겠어? 상전을 모시고 사는 것이지."

"맞아. 요즘 부모는 부모 구실을 제대로 못하고 있어. 부모가 자식을 키우는 것이 아니라 자식들이 제멋대로 자라는 세상이야."

대화의 목적이 단순한 정보 교환이라면 다음처럼 말해도 충분하다.

"요즘 아이들은 자기 하고 싶은 대로 하고, 부모는 아이들의 버릇 하나 제대로 가르치지 못해 쩔쩔 매고 있으니 큰일 아닌가?"

"암, 큰일이고 말고. 정말 걱정이야."

'3분 스피치(Speech)'에 대해 많이 들어봤을 것이다. 왜 하필 '3분'이냐면, 어떤 주제를 간단히 말하는 데 딱 알맞은 시간이기 때문이다. 즉, 3분에 들어가는 단어의 분량은 보통사람들이 메모를 하지 않고도 말할 수 있는 평균치다. 그리고 어떤 주제이든 3분이면 대강의 내용을 충분히 전달할 수 있다. 만일 그것이 불가능하다면 이는 졸음을 유발하는 결혼 주례사처럼 쓸데없는 말을 덧붙이거나, 주제에서 벗어났기 때문이다. 그럼 상대방은 이야기에 실망하게 되고 피곤함까지 느낀다.

자기 이야기를 3분 안에 담을 수 있도록 노력하라. 그럼 상대방은 당신의 말을 쉽게 이해하고, 당신의 말에 집중할 것이다.

5 새로운 문제를 제기한다

최근 E와 F는 자주 만난다. 그들은 만날 때마다 기독교의 창조론과 다윈의 진화론에 대해 토론을 벌인다. 그런데 횟수를 거듭할수록 토론이 재미가 없어졌다. 두 사람은 누가 먼저랄 것도 없이 새로운 이야깃거리를 필요로 했다. 이럴 때 누군가가 E와 F가 미처 생각지 못했던 문제를 제기한다면 두 사람은 눈빛을 반짝이며 생각에 잠길 것이다. 그럼 그들의 대화는 다시 흥미진진해지고, 서로에게 도움도 주게 된다. 단, E와 F가 새로운 문제에 대해 이야기하는 것을 계속 즐기려면 두 사람은 무엇보다도 지적 호기심을 갖고 그동안 쌓아온 지식이나 경험을 되살려 제기된 문제에 알맞은 답을 찾아야 한다. 이 답을 찾기 위해 두 사람의 두뇌는 활발하게 움직일 것이므로 그들은 여러 이득을 얻게 된다.

새로운 이야기로 상대방의 주의를 끄는 방법도 있다. 방송 뉴스가 그 좋은 예이다. 아나운서가 "지금 막 들어온 뉴스를 말씀드리겠습니다"라고 말하는 경우가 있는데, 이런 말을 들으면 새로운 뉴스라는 느낌이 강하게 들어서 자신도 모르게 귀를 기울이게 된다.

사람에게는 '새로운 것' '비밀인 것' '아직 아무도 모르는 것'을 먼저 알고 싶은 정보 욕구가 있다. 소문을 싫어하는 사람이 없는 이유도 모두가 정보 욕구를 갖고 있기 때문이다. 이 욕구를 적당히 부추기면 보통 사람들은 반드시 이야기에 귀를 기울이게 되어 있다.

이를 활용하는 가장 손쉽고도 확실한 방법은 "아직 확인은 안 된 정보입니다만……"이라고 전제한 뒤 이야기를 시작하는 것이다. 또는 "조금 전에 들은 이야기입니다만……"처럼 마치 새로운 뉴스인 양 말하는 것도 좋다. 이렇게 말하면 그 정보가 신선하게 들릴 뿐 아니라, 상대방은 그 정보를 믿고 싶어 한다. 즉 "지금 막 들은 이야기인데……"라고 말하면 상대방은 귀를 쫑긋 세운 채 듣고, 그 이야기를 소문으로 이해한다. 그리고 그것이 소문인 이상, 듣는 사람은 상상력을 발휘해 제멋대로 이야기를 늘리거나 줄인다. 그렇기 때문에 실제 가치 이상으로 신선한 정보가 되는 것이다.

했던 이야기를 또 하는 것은 좋지 않다고 했지만, 간혹 반복해서 말하는 것이 필요할 때가 있다. 내용이 무척 중요해 상대방이 잊어서는 안 되는 경우가 이에 해당한다.

사람의 주의력은 늘 새로운 것을 찾아 옮겨 다니는 성질을 갖고 있다. 따라서 처음에 주의 깊게 듣지 않았던 내용이라도 두 번째 말할 때는 듣는 경우가 있다. 이때 어떻게 말해야 상대방의 주의력이 흐트러지지 않을까? 그 방법은 같은 내용을 반복할 경우에는 반드시 새로운 내용을 추가해야 한다는 것이다. 그럼 듣는 사람은 이야기에 변화가 있다고 생각해 지루해하거나 싫증을 내지 않는다.

예를 들어, 유치원 교사가 어린이에게 청력, 이해력, 운동신경 발달 정도 등을 종합적으로 알아보기 위한 테스트를 실시한다고 해보자. 교사가 어린이에게 지시하는 사항은 갈수록 복잡해진다.

"가위 좀 갖고 올래?"

"여기 있어요."

"잘했구나. 그럼 이번에는 색종이와 풀을 갖고 오렴."

"색종이하고 풀이요?"

"응, 이제부터는 네가 원하는 모양을 색종이에 그리고 가위로 오려서 도화지에 붙일 거야."

"선생님 잘 못 들었어요. 다시 말씀해주세요."

"먼저 네가 좋아하는 것들을 생각해봐. 생각났으면 그것을 연필로 색종이에 그려. 그리고 가위로 오리는 거야. 다 오린 그림을 도화지에 풀로 붙이면 돼. 어때, 쉽지?"

"아, 이제 알겠어요."

그림을 그리고 오린 후 풀로 붙이는 연속 동작을 교사가 한 문장으로 말한 후의 어린이 반응을 살펴보자. 어린이는 교사의 말을 잘 듣지도 못했고, 그래서 이해할 수도 없었다. 하지만 교사가 지시 내용을 4개 문장으로 나눠서 설명하자, 어린이는 금방 알아듣고 지시한 사항을 훌륭하게 해냈다. 이때 교사는 어린이의 관심을 끌기 위해 좋아하는 것들을 생각해보라고 말했다. 또한 주의력을 집중시키기 위해 세부적인 행동들을 자세히 설명하고 어린이와 함께 작업해나갔다. 어린이는 자신이 이해할 수 있는 언어의 범위 안에서 교사의 말이 반복됐기 때문에 재미를 느끼게 된 것이다.

새로운 내용을 추가하지 않더라도 반드시 반복해야 할 필요가 있는 이야기들이 있다. 예를 들어, 회의장 같은 곳에서는 마지막으로 내용을 정리하는 '최후의 발언'이 깊은 인상을 남기곤 한다. 그때까지의 발언을 "마지막으로 한마디 하고 싶은 것은……"이라고 '정리'하면 결론이 나온 듯한 분위기가 된다. 그래서 회의 끝부분에 발언할수록 문제점을

상대방의 마음을 움직이는 대화 습관

더욱 자세히 알고 자기 의견을 수렴할 수 있어 다른 참가자에게 좋은 인상을 남기게 된다. 회의 진행자가 먼저 발언하라고 하면 다른 사람에게 기회를 양보한 뒤 때를 기다리도록 하라. 상당한 기술을 요하는 방법이긴 하지만, 상대방의 주의를 끄는 데 효과적인 방법임에는 틀림없다.

그런데 만일 자기와 비슷한 의견을 다른 사람이 먼저 말했다면 "지금까지 나올 만한 이야기는 다 나온 것 같지만……"이라고 자기 발언을 정리하는 것이 좋다. 이렇게 하면 일반적으로 수준 높은 발언으로 해석된다.

7 구체적으로 말한다

사람이 하는 말은 크게 구체적인 말과 추상적인 말로 나눌 수 있다. 구체적인 말은 형체가 분명해 마음속에 모양이 떠오르는 것을 가리킨다. 꽃, 새, 냉장고, 컵, 먹는다, 씻는다 등이 그 예이다.

추상적인 말은 그 의미가 여러 갈래로 해석될 수 있으며, 모습이 머릿속에 얼른 떠오르지 않는다. 즉, 시각화할 수 없는 것들로 자유, 솔직함, 친절, 선량함, 착함 등이 그것이다.

대부분의 사람들은 구체적인 말을 주고받으며 생활하는 데 익숙해져 있다. 만일 "새가 울고 있다"라는 말을 들으면 사람들은 새가 지저귀고 있다고 받아들인다. 반면, "마음이 울고 있다"라는 말을 들으면 그 사람의 마음이 슬프다는 것인지, 우울하다는 것인지, 괴롭다는 것인지, 아프다는 것인지를 설명할 수 없는, 복잡한 영상이 눈앞에 어른거릴 뿐이다.

그런데 추상적인 말도 나름대로 필요할 때가 있다. 추상적인 말은 사람들의 단순한 행동보다 지적인 활동에 어울리기 때문에 복잡한 정신 활동을 설명하는 데 유용하다. 또한 사람만의 특권인 생각하는 능력 때문에 생기는 여러 문제들을 풀어나갈 때 적절히 사용된다.

하지만 추상적인 말은 너무 폭넓게 해석된다는 문제점이 있다. 그래서 일상생활에서 마음 놓고 사용하기에 불편하다. 그러므로 누군가와 대화할 때는 될 수 있으면 머릿속에 분명한 그림이 떠오르는 구체적인 말을 사용하는 것이 바람직하다. 어쩔 수 없이 추상적인 말을 사용해야 할 경우에는 반드시 구체적인 말로 설명을 덧붙이도록 한다. 그래야 불필요한 오해를 줄일 수 있으며, 의사소통도 원활해진다.

구체적인 말 가운데 상대의 주의를 끄는 가장 효과적인 것은 바로 숫자이다. 사람들은 일반적으로 숫자에 약하다. 누군가가 만이나 십만 단위의 수에서 십이나 한 자리 숫자까지 입에 올리면, 정확성은 물론이고 말하는 사람의 능력까지 믿게 된다. 예를 들어, 어느 정치가가 "작년도 물가 상승률은 0.09퍼센트이므로 복지 예산을 0.02퍼센트 올려서는……"이라고 말하면, 이 정치가는 상당한 노력파라는 이미지를 갖게 된다. 그래서인지 이런 효과를 노리고 오직 수치만 외우고 다니는 국회의원도 많다고 한다.

정치가가 아니어도 이 방법은 매우 이용 가치가 높으므로, 평소 필요한 숫자는 가능하면 정확히 외워두도록 한다. 그것을 일상생활과 연결할 경우 그 문제에 정통하다는 인상을 상대방에게 심어줄 수 있을 뿐 아니라, 신뢰감으로까지 연결되는 효과도 기대할 수 있다.

지금까지 대화할 때 상대방의 주의를 집중시키는 데 효과적인 방법들을 살펴봤다. 잘 기억해두었다가 대화할 때 적절히 사용하도록 노력해보자. 그러면 대화에 탄력이 붙고, 이야기가 발전적으로 전개될 것이다. 즉, 사람들의 주의력이 어떤 때 집중되고 산만해지는지를 알아둔다면 대화를 해나갈 때 숨을 고르듯 자연스럽게 대화의 묘미를 살릴 수 있다.

5

상대방으로 하여금
생각하게 만든다

1 대화 규칙이라는 것은 없다

사람들은 여러 방법을 동원해 대화에 필요한 어휘와 내용을 훌륭하게 전달할 수 있는 기술을 개발하려고 노력한다. 예를 들어, 논리적으로 생각해서 말하는 방법을 소개한 책을 읽는다든지, 텔레비전에서 하는 대담 프로그램을 시청한다든지, 자신의 주장을 글로 적어 큰 소리로 읽어 본다든지 하는 것이다.

그런데 이런 방법을 따로 공부해야 할 만큼 '이런 경우에는 이렇게 말하라'고 규정된 대화법은 없다. 전달하고자 하는 내용을 나름대로 명확히 표현할 수 있다면 그것을 전달하는 방법 따위는 큰 문제가 되지 않는다. 즉, 매우 정확한 어휘나 방법으로 의사를 전달했다고 하더라도 듣는 상대방이 그것을 어떻게 받아들이느냐에 따라 결과가 달라지는 것이다. 그런데 상대방이 이야기를 듣는 태도에는 여러 가지가 있다. 그것들 가운데 몇 가지만 살펴보자.

첫째, 이야기를 전혀 듣지 않는다. 상대방은 이야기 내용에 고개를 끄덕이거나 "아, 그렇습니까?" "이제야 알겠네요!" 등 마치 내용을 전부 이해한 듯이 표현한다. 그러나 그 사람은 진작부터 이야기에 귀 기울이고 있지 않았다.

둘째, 아무 생각 없이 이야기를 듣는다. 상대방은 겉으로는 제법 관심을 갖고 이야기를 듣는 척한다. 그러나 하던 이야기를 멈추고 조금 전에 무슨 말을 했는지를 말해보라고 하면 아무것도 기억하지 못한다. 물론 한두 마디쯤은 기억할 수도 있겠지만, 대화가 끝나자마자 깨끗이 잊어버린다.

셋째, 나름대로 생각하면서 듣는다. 상대방은 이야기를 들으면서 내용을 분석하고 자기 생각과 비교해보기도 한다. 또한 그런 말을 왜 했는지 그 원인을 따져보기도 한다. 이런 과정을 통해 그는 말하는 사람이 이야기를 어떻게 끝맺을지를 예상하며, 상대방의 요청이 있을 때 자신이 해줄 이야기를 미리 정리해 놓는다.

이 가운데 진정한 대화가 이루어질 수 있는 것은 세 번째 경우이다. 상대방은 대화 내용을 이해하기 위해 자신의 가치관이나 경험에 비춰 보는 노력을 하고 있기 때문이다. 다시 말해, 그는 가장 먼저 이야기의 내용들을 머릿속에서 그림으로 그려본다. 그런 다음 적절한 대응 방법을 찾아 적극적으로 표현하는 것이다. 따라서 상대방의 태도를 관찰해 이런 모습이 엿보이기 시작한다면 그가 더 잘 들을 수 있도록 배려해야 한다. 즉, 자신이 말하는 내용, 말하는 방법, 그리고 전달하는 자세 등을 다시 한 번 살펴보도록 한다. 그래서 만일 지나치게 서두르느라, 중요한 내용을 빠뜨리고 있거나, 감정에 휩싸여 두서없이 전달하고 있다면 빨리 고쳐나가도록 하자.

2 생각하면서 듣는 사람은 별로 없다

사람은 누구나 이기적인 면을 갖고 있다. 그래서 상대방이 열심히 말하고 있을 때도 주변을 둘러보는 경우가 많다. 이를 다른 관점에서 설명한다면, 자기 문제에 더 깊이 몰두하는 태도는 사람에게 있어 무척 당연한 것이다. 당신 또한 상대방이 이야기할 때 건성으로 들은 적이 있을 테니 말이다.

이처럼 사람은 상대방에게서 그가 관심을 쏟는 일이나 고민에 대한 이야기를 들어도 마치 자기 일처럼 세심하게 신경 쓰지는 않는다. 그러므로 이야기 내용이 상대방의 왕성한 호기심을 채우거나 지적 만족감을 충족시킬 수 없다면, 상대방에게 어떤 뚜렷한 목적을 갖고 이야기를 들어달라는 것은 불가능한 바람일 뿐이다.

3 상대방에게 생각할 수 있는 기회를 준다

대부분의 사람들은 생각을 말로 표현하는 것이 의사를 전달하는 방법의 전부라고 여긴다. 즉, '내 생각을 명확히 정리해 알아듣기 쉽게 설명했으니까 내가 할 일은 끝난 거야. 그것을 이해하고 받아들여 행동으로 옮기느냐 마느냐는 순전히 그쪽 마음이지, 뭐' 라고 생각하는 것이다. 이런 사람은 다른 방법을 찾기 위해 최선의 노력을 기울이지 않는다.

그런데 상대방의 마음을 움직이거나 사로잡겠다는 목적을 갖고 있다면 이 방법만 사용해서는 안 된다. 왜냐하면 썩 훌륭한 말로 자기 생각을 잘 표현했다고 자부해도 상대방은 흡족해하지 않을 수 있기 때문이다. 그러므로 방법을 바꿔서 접근해야 한다. 그 방법이란 이야기의 뜻을 상대방 스스로 새겨볼 수 있도록 끊임없이 자극하는 것이다. 다시 한 번 강조하면, 상대방의 외적 관심보다 내적 호기심을 끌어내는 것이 더욱 효과적이라는 뜻이다.

예를 들어, 어떤 비즈니스맨이 상품 소개를 훌륭하게 잘해냈다. 그러나 고객은 사고 싶지 않다고 말했다. 이 경우 비즈니스맨은 자기 책임을 다했다고 주장할 수 없다. 비즈니스맨은 자기 목적을 앞세우기보다 고객이 상품의 장점을 하나씩 분석하고 평가할 수 있도록 주의를 기울여 도와주었어야 한다. 이렇게 해야 고객의 굳은 마음이 자극되고 풀려서 서로의 생각이 활발하게 오고갈 수 있다.

4 생각을 끌어내기 위해서는 질문을 던진다

상대방으로 하여금 이야기의 뜻을 생각할 수 있게 하려면 어떤 방법을 써야 좋을까? 만일 상황에 맞는 질문을 할 수 있다면 이 같은 고민은 간단히 해결된다. 이때 질문은 상대방에게서 정보를 끌어내기 위한 것이 아니다. 이야기의 진의를 더욱 꼼꼼히 생각하고 찾아볼 수 있도록 상대방을 도와주기 위한 것이다.

한편, 질문을 요령 있게 하면 아무리 복잡한 문제라도 그것을 해결할 실마리를 금방 찾을 수 있다. 또한 질문은 자신이나 상대방의 감정을 자극할 뿐 아니라, 심리 상태를 통찰할 수 있는 기회를 제공하며, 정신 상태를 팽팽하게 긴장시켜 활발한 두뇌 활동도 유도한다. 그러므로 질문을 시작하면 상대방은 막연하게 듣고 있던 수동적 자세에서 벗어나 능동적으로 생각하는 자세를 갖추게 된다. 마음속으로 조용히 답을 찾기 시작하는 것이다.

그럼 지금부터는 적극적으로 질문을 던짐으로써 상대방의 지적 반응을 일으키는 예를 살펴보자.

부장은 팀장이 제출한 보고서를 평가하고 있다. 먼저 부장이 자신의 감정에 빠져 지적할 사항을 장황하게 늘어놓는 경우이다.

"김 팀장 자네가 어제 올린 보고서에 대해 몇 마디 하지. 결론부터 말하자면, 나는 자네가 보고서를 다시 써서 제출하길 바라네. 보고서 내용을 도저히 이해할 수 없어서 말이야. 여러 번 되풀이해서 읽어봤지만, 자네가 무엇을 알리고 싶은 것인지 정확히 파악하기가 정말 어려웠거든. 자네는 자네의 생각을 썼을 뿐이지, 왜 그렇게 생각하고 있는지에 대해서는 전혀 밝히지 않았잖아. 예를 들어볼까? 자네는 팀원들의 의욕이 떨어지고 있다고 썼는데, 그렇게 보는 이유가 뭔가? 회사에 불만을 느끼고 있는 친구들이 많다는 뜻인가? 아니면, 다른 회사로 옮겨가는 친구들이 많다는 뜻인가? 자네는 다른 것들도 이렇듯 어정쩡하게 표현해 놓았다는 것을 알고 있겠지? 아무튼 문제가 있다고 판단했으면 그렇게 생각하게 된 동기를 제시했어야 하는 것 아닌가? 다음부터 보고서를 쓸 때는 이런 점에 각별히 주의했으면 좋겠네."

부장은 팀장이 보고서를 그렇게 쓴 이유가 궁금했던 것일까? 아니면 꾸짖고 있는 것일까? 부장의 말 속에는 이것들이 뒤섞여 있다. 더욱이 부장은 팀장의 태도가 불손하다고 판단해 괘씸하게 여기는 듯한 분위기도 풍긴다. 이런 상황이라면 팀장은 부장에게 불만을 느낄 가능성이 높으며, 자기 태도를 바꾸고 싶어 하지 않을 것이다.

만일 부장이 다음처럼 요령 있게 말했다고 해보자. 그럼 팀장은 부장이 하는 말의 의미를 더 잘 이해하면서, 그의 의견을 존중하기 시작할 것이다.

"김 팀장 자네가 제출한 보고서를 다른 것보다 주의 깊게 읽어봤네. 자네가 팀원들을 무척 아낀다는 사실을 잘 알고 있기 때문에 말이야. 그런데 내용의 의미를 파악하기가 쉽지 않더군. 자네는 팀의 전반적인 상황에 대해 자기 견해를 밝히고 있는데, 그 판단 근거에 대해서는 아무것도 밝히지 않았거든. 내 말 뜻을 알겠나?"

"제가 내용을 구체적으로 쓰지 않은 것은 일부러 그런 것입니다. 부장님께서 검토하셔야 할 다른 서류들이 많이 있다고 생각했기 때문입니다. 그래서 내용을 간추려 꼭 필요하다고 여겨지는 것들만 적은 것입니다."

"자네가 보고서를 보기 쉽게 요약한 점은 잘 알겠네. 하지만 자네가 그렇게 판단한 이유를 좀 더 자세히 알고 싶거든. 다시 말해, 자네는 팀원들의 사기가 떨어지고 있다고 했는데, 그 근거가 도대체 뭔지가 궁금하단 말이지. 요즘 결근하는 팀원이 부쩍 늘어났다는 것인지, 회사를 그만두고 싶어 하는 사람들이 많아졌다는 것인지 종잡을 수가 없거든. 자네가 작성한 보고서 내용만 봐서는 사태가 얼마나 심각한지 납득할 수가 없어서 말이야. 혹시 시기적으로 팀원들의 사기가 떨어질 때가 된 것은 아닌가? 아무튼 자네가 더 명확하게 근거를 제시했더라면 대응책을 마련하는 데 큰 도움이 됐을 걸세. 그래서 하는 말인데, 수고스럽겠지만 보고서를 한 번 더 작성해보면 어떨까?”

“부장님 말씀이 옳습니다. 그런데 저는 사기가 떨어졌다고 표현하면 모든 상황을 충분히 파악하실 줄 알았습니다. 게다가 부장님께서는 제 판단을 신뢰해주시리라 믿었거든요. 변명 같지만, 처리해야 할 일이 산더미처럼 쌓여 있어서 보고서를 작성하는 데 오래 매달릴 수가 없었습니다. 또 부장님께서 보고서를 그렇게 자세히 읽어보실 줄은 몰랐습니다.”

“물론 나는 자네의 판단을 믿네. 자네의 능력을 이미 인정하고 있으니 의심하지 말게. 그런데 내가 하고 싶은 말은 사기가 떨어졌다는 표현을 입장을 바꿔서 생각해보라는 것이네. 내가 자네에게 팀원 관리를 소홀히 하고 있다고 질책한다면 자네는 과연 어떻게 생각할까? 관리라는 말의 뜻은 누구나 잘 알고 있지. 하지만 자네 역시 내가 그렇게 말하는 이유를 알고 싶지 않겠나?”

“네, 그것은 당연합니다. 저의 어떤 점 때문에 팀원들을 소홀히 관리하고 있다고 판단하시는지를 알고 싶겠지요.”

"그것 보게나. 자네가 만일 나에게 그 이유에 대해 질문한다면 내 판단을 의심하고 있다는 것을 암시하기 위해서일까?"

"그렇지는 않습니다. 그것은 좀 더 자세히 알고 싶어서 드리는 질문일 뿐입니다."

"이해해주니 고맙군. 그렇다면 자네가 나 같은 처지에 놓여 있다면 나처럼 했으리라는 생각은 들지 않나?"

"부장님의 말씀을 잘 알겠습니다. 앞으로는 한 번만 읽어보셔도 이해할 수 있도록 보고서를 자세히 작성하겠습니다."

요약해보자면, 부장은 처음부터 팀장으로 하여금 무엇이 문제인지를 생각해보도록 하기 위해 질문을 던지고 있다. 팀장은 부장의 뜻을 잘못 판단해 마치 항의하는 듯한 자세를 보인다. 부장이 이번에는 팀장에게 처지를 바꿔 생각해볼 것을 권한다. 비로소 팀장은 부장의 의도를 이해하고 따른다. 대화를 이렇게 이끌어 갈 경우 시간은 좀 오래 걸리지만, 효과는 더 크게 나타난다. 즉, 두 사람은 서로의 마음을 확실히 이해할 수 있게 되는 것이다. 그만큼 관계도 더욱 원만해진다.

5 새로운 것을 받아들일 수 있는 기회를 마련한다

사람은 살아가면서 자기 나름대로 가치관을 세운다. 그래서 타인이나 어떤 문제, 사물과 마주칠 때마다 스스로 의식하지 못하는 사이에 그 가치관에 비춰보면서 생각하고 판단도 내린다.

그런데 대부분의 사람들이 자기 가치관에 만족할 뿐 아니라, 결정을 내린 내용에 안심하는 버릇이 있다. 이는 마치 아기가 엄마 품속에서 가장 큰 편안함과 행복을 느끼는 것과 같은 이치다. 그래서 사람들은 될 수 있으면 자기 가치관이나 생각을 바꾸고 싶어 하지 않는다. 새로운 것들을 받아들일 때마다 나타나는 생활의 여러 불편함을 경험하고 싶지 않기 때문이다. 이런 사람들은 상대방의 말이 논리적이거나 이치에 들어맞더라도 자기 것을 버리면서까지 그것을 받아들이려고 하지는 않는다. 그렇다면 상대방의 가치관이나 생각을 자신이 원하는 방향으로 바꾸고 싶을 때는 어떤 방법을 사용해야 할까? 이해하기 쉽도록 의류 판매 방법과 비교해 알아보자.

한 여성이 가게(숍)에서 옷을 고르고 있고, 직원이 그녀를 도와주고 있다. 그녀는 조금 뚱뚱한 편이다. 그런데 그녀는 상표에 표시된 사이즈만 확인하고 옷을 구입했다가 실패했던 경험이 몇 차례 있다. 그래서 그녀는 옷의 디자인과 색상이 마음에 들더라도 반드시 입어본 후 구입하는 습관을 갖게 됐다.

그녀는 마침내 마음에 드는 꽃무늬 원피스를 발견했다. 옷의 사이즈도 그녀가 늘 입는 것이었다. 그런데 옷의 디자인이 그녀의 체형을 고스란히 드러내는 프리센스 라인이었다. 그녀는 허리 사이즈가 늘어난 이후 프리센스 라인의 옷을 입은 적이 없었다. 그런 옷을 입으면 더 뚱뚱해보일까 봐 걱정스러웠기 때문이다. 그러나 그녀는 이 옷을 포기할 수 없어 망설이기 시작했다. 직원은 그녀의 이런 마음을 재빨리 눈치챘다.

직원은 미소 지으며 옷을 한 번 입어보라고 권했다. 옷이란 입어보기 전까지는 자기에게 어울리는지, 몸에 잘 맞는지 등을 알 수 없다는 말을 친절하게 덧붙였음은 물론이다. 그뿐 아니라 그녀의 피부 톤이 하얗기 때문에 꽃무늬 원피스를 입으면 한층 더 아름다워 보일 것이라고 말했다. 직원은 그녀가 결코 뚱뚱하지 않으며, 그 옷을 입으면 더 날씬해 보일 것이라고 말함으로써 그녀의 용기를 북돋았다. 그녀는 드디어 옷을 들고 탈의실로 향했다. 직원의 말은 과장된 것이 아니었다. 원피스를 입었는데도 뚱뚱해 보이지 않았고, 멋지게 어울리는 것 같았다. 그녀는 흡족한 마음으로 옷값을 치렀다. 그 후 그녀는 자신감을 갖고 허리 라인이 강조된 옷들을 입을 수 있게 됐다.

직원이 옷을 팔 수 있었던 이유는 무엇일까? 그것은 고객에게 옷을 입어보게 만들었기 때문이다. 상대방의 가치관이나 생각을 바꾸기 위해서는 그에게 어떤 새로운 것을 천천히 비교할 수 있는 기회를 제공해야 한다. 그 과정이 결코 어렵지 않을 뿐 아니라, 새로운 것이 오히려 도움이 된다는 사실을 깨달으면 상대방은 굳이 강요하지 않아도 자기 생각을 스스로 포기하게 되어 있다.

또 하나, 새로운 것을 받아들이는 일이 상대방에게는 자존심 문제라는 사실을 알아야 한다. 자존심이 강한 사람은 다루기가 참 힘들다. 뭔가 일을 부탁하려고 해도 묘하게 신경 쓰인다. 이런 사람으로 하여금 부탁하기 어려운 일을 자진해서 떠맡게 하려면 그의 자존심을 슬며시 부추기는 것이 좋다. 원래 자존심이 강한 사람들은 대부분 자신감에 차 있다. 또한 그들은 자기는 타인과 다르기 때문에 행동도 달리 해야 한다고 생각한다.

사람은 누구나 신뢰나 존경을 받으면 나쁜 생각을 하지 않는다. 설령 그것이 겉치레라는 사실을 알아도 칭찬은 기분을 좋게 만든다. 그리고 자존심이 강한 사람일수록 그런 경향이 강한 편이다.

그러므로 일을 부탁해야 한다면 왜 다른 사람이 아닌 그에게 부탁하는지를 강조해야 한다. 다시 말해, 많은 사람 가운데 특별히 당신을 선택했다는 인상을 심어주는 것이 중요하다. "당신밖에 할 사람이 없다고 생각하기 때문에 부탁하는 것인데……"라고 운을 떼면 그 효과는 더욱 크게 나타난다.

6 상대방으로 하여금 반응하게 만든다

말하는 쪽에서 이야기를 시작하면 상대방은 어떤 느낌과 생각을 갖게 된다. 만일 상대방이 자기 마음을 표현하지 않는다면 말하는 사람은 아무것도 알 수 없을뿐더러, 말이 허공에서 맴돌다 사라진다. 그러므로 상대방은 말하는 사람에게 반응해줄 의무를 가진다.

그렇다면 반응한다는 것은 무엇을 뜻할까? 그것은 듣는 사람이 마음속으로 말하는 사람에게 동조한다는 증거이다. 또한 말하는 사람의 의도를 자기 생각이나 감정으로 경험한다는 뜻이기도 하다. 즉, 한 가지 생각에 두 가지 견해가 성립했다는 의미가 되는 것이다. 그 후 상대방은 자신이 즐겨 쓰는 언어로 스스로의 느낌과 생각을 표현한다. 그러므로 말하는 사람은 전달하고 싶은 내용을 정확한 어휘로 잘 표현해야 한다. 더욱이 상대방의 이야기에 담긴 진의를 파악하고 이해하는 자세를 기를 필요가 있다.

대화는 의사소통이 가능하다는 전제 하에서 이뤄지며, 이는 정신적으로 교류함으로써 더욱 원활해지는 특성을 갖는다. 그러므로 더욱 세심한 주의를 기울이도록 노력해야 한다.

세련된 질문은 논리정연한 말보다 몇 배 강한 설득력을 지닌다. 따라서 자신이 원하는 방향으로 상대방의 생각을 돌려놓기 위해서는 반드시 뚜렷한 목적을 갖고 명확히 질문해야 한다.

한 영업팀장과 판매 성적이 저조한 사원이 대화를 나누고 있다. 그런데 부장은 각 단계별로 적절한 질문을 던짐으로써 팀원의 생각을 바꿔놓는 데 성공했다. 구체적으로 살펴보자.

"자네의 판매 실적에 대해 이야기 좀 하고 싶은데 말이야. 자네가 담당하는 구역은 지난 3~4개월 동안 매출이 형편없던데, 도대체 그 이유가 뭐지?"

"저도 그 이유를 잘 모르겠습니다. 아무튼 손님들이 그 물건을 예전처럼 많이 찾지 않는 것은 사실입니다. 다른 업체도 판매 부진으로 애먹고 있지는 않을까요?"

→ 자기 잘못을 조금은 인정하는 듯하다. 그러나 한편으로는 그 책임을 고객에게 떠넘기려고 애쓴다.

"내가 알기로 다른 회사들은 그런대로 판매율을 유지한다던데. 그리고 우리도 사실 판매율이 많이 떨어진 구역은 없어. 그래서 나는 자네와 함께 그 원인을 짚어보고, 나아가 매출을 올릴 방법까지 찾아봤으면 싶은데."

→ 팀장은 팀원의 자존심을 건드리지 않도록 주의하면서 사원이 자신의 생각을 받아들일 수 있도록 노력한다.

"저는 크게 걱정하지 않습니다. 이제 곧 나아지겠죠."

"과연 그럴까? 지난 반년간 자네가 제출한 보고서를 다시 한 번 읽어봤네. 그런데 아무리 생각해도 자네는 새로운 시장을 개척하기 위해 최선을 다하는 것 같지가 않단 말이야. 혹시 기존 거래처만 찾아다니는 것은 아닌지 궁금하네. 판매를 촉진하려면 시장 개척이 무엇보다 중요하다는 사실을 잊어버린 것은 아니겠지?"

→ 팀장은 객관적 자료를 제시한 후 팀원의 반응을 살펴보기 위해 질문을 던진다.

"잊을 리 있겠습니까? 하지만 팀장님께서도 아시다시피 제가 둘러봐야 할 구역은 너무 넓습니다. 힘에 부친다는 생각이 자주 들 정도니까요. 그렇다고 고정 거래처의 관리를 소홀히 할 수도 없잖습니까? 만약 그랬다가는 당장 거래처를 뺏기게요! 저는 지금 현상을 유지하기도 힘듭니다. 그러니 새 거래처를 만들 틈이 전혀 없지요."

"하지만 좀 더 신중히 생각해보게. 자네 보고서에 따르면 자네는 A 거래처를 한 달에 서너 번씩 찾아간다고 적혀 있네."

"그 거래처는 제 담당 구역 안에서 가장 큽니다. 그만큼 판매율이 다른 곳보다 높은 것이 당연하고요. 그래서 그곳을 놓치면 엄청난 손해를 입게 될뿐더러, 결국 다른 회사에 좋은 일만 시키는 꼴이 됩니다."

"그런 곳이라면 더욱 더 신경 써야지. 그런데 A 거래처는 우리 회사의 판매 방법에 만족하고 있는 것 같던가?"

→ 팀원의 말에 동의하면서도 빈틈없이 질문을 던진다.

"그럼요. 그 거래처는 저희 회사의 물건을 가장 먼저 좋은 자리에 진열해줍니다. 저도 그곳 직원들에게 잘해주려고 노력하고요."

"음, 수고가 많군. 그런데 한 달 방문 횟수를 반 정도로 줄이면 어떨까?"

"글쎄요, 그쪽에서는 저를 열흘에 한 번 정도는 만났으면 하는 눈치던데요."

"그것을 모르는 바는 아니야. 하지만 지금까지 해온 걸로 봐서는 자네가 방문을 덜 한다고 거래에 이상이 생길 것 같지는 않은데! 자네 생각은 어떤가?"

"거래가 줄어들 리는 없지요."

"그렇다면 그 시간에 다른 거래처를 찾아갈 수 있지 않을까?"

"네, 팀장님의 뜻을 잘 알겠습니다."

"그런데 보고서에 따르면 자네는 B 거래처 쪽은 2개월에 한 번 정도밖에 가지 않더군."

"네. 그쪽은 A 거래처에 비하면 매출이 사분의 일밖에 되지 않거든요."

"그렇겠지. 하지만 그곳은 사람들이 많이 사는 지역이어서 잠재 구매력이 높은 편인데 말이야. 그렇다면 우리가 너무 방심하고 있는 것은 아닐까? 경쟁사의 제품이 진열대를 몽땅 차지하게 되는 것은 아닌지 모르겠네."

"저도 그 점이 고민입니다. 그쪽은 제가 늘 신신당부를 하는데도 별로 신경 써주지 않거든요."

"그럼 앞으로 그쪽을 자주 방문한다면 그곳 직원들과의 관계가 좀 더 나아지지 않겠나? 그에 따라서 거래량도 늘어날 테고 말이야."

"잘 알겠습니다. 다른 거래처도 문제점이 없는지 다시 한 번 검토해 보겠습니다."

"잘 생각했네. 무슨 좋은 계획이라도 갖고 있나?"

→ 팀원이 계획을 더욱 명확히 세울 수 있도록 질문을 던진다.

"아직 뚜렷하게 떠오르는 방법은 없습니다. 하지만 튼튼한 거래처를 방문하는 횟수를 최소화하는 대신, 잠재력이 높지만 매출이 낮은 곳을 더 많이 찾아다녀야겠지요. 물론 새로운 거래처도 뚫고요."

"아주 훌륭한 생각일세. 자네는 틀림없이 잘 해낼 수 있을 거야."

→ 팀원의 능동적 사고방식을 칭찬하고 격려를 아끼지 않는다.

이 대화를 살펴보면, 팀장이 몇 가지 특별한 방법으로 질문하면서 대화를 이끌어나간다는 사실을 알 수 있다.

첫째, 불필요한 논쟁을 피한다.

둘째, 자기주장을 팀원에게 강요하지 않는다.

셋째, 자기 생각을 하나씩 나누어 질문함으로써 상대방으로 하여금 대답하기 전에 질문 내용을 다시 한 번 생각할 수 있도록 한다.

넷째, 상대방이 두뇌를 활발히 움직여 스스로 계획을 세우고 실천하도록 유도한다.

이렇듯 팀장은 자신의 목적을 이루는 데 알맞은 질문 방법을 선택했으며, 이 방법은 상대방의 마음을 사로잡는 데 가장 큰 효과를 보인다.

질문으로 대화 주도권을 잡는다

질문을 다르게 표현하면, 상대방에게 주제에 대해 생각해보라는 하나의 요청이라고 할 수 있다. 따라서 질문은 상대방으로 하여금 두뇌를 움직여 생각하도록 만든다. 단, 상대방이 활발하게 두뇌 활동을 하려면 말하는 쪽에서 질문을 멈추지 말아야 한다. 이 방법은 대화 주도권을 확실히 잡는 데 도움이 된다.

비즈니스맨이 거래처 사장에게 계속 질문을 던지면서 대화 주도권을 잡아나가는 경우를 살펴보자.

"각종 테스트 결과, 저희 회사의 제품이 다른 회사 제품들의 평균 수명보다 25퍼센트 이상 긴 것으로 판명됐습니다. 하지만 가격은 똑같지요. 따라서 긴 안목으로 본다면 저희 회사 제품이 훨씬 더 유리합니다. 이 점을 한 번 생각해보셨습니까?"

"그 기계를 쓰면 지금보다 절약된다는 사실은 나도 잘 알고 있어요. 하지만 지금 쓰고 있는 것도 별 탈이 없고, 더욱이 우리 직원들은 그 기계에 익숙해져 있거든요."

"익숙하다는 것은 기계가 말썽을 부리지 않는다는 뜻인가요?"

"가끔씩 고장은 나지만 큰일은 아니에요. 어차피 고장 없는 기계란 없으니까요."

"옳은 말씀입니다. 그래서 저희 회사에서는 고장의 원인을 찾아 그것을 최대한 줄이려는 연구를 거듭하고 있지요. 그런데 때때로 일어난다는 고장은 어떤 것들인가요?"

"별로 대수롭지는 않은 거예요. 하지만 생각보다 기계 수명이 길지는 않은 것 같아요."

"얼마나 사용하셨는데요?"

"글쎄요, 한 3년 쓰는 것 같더라고요."

"3년 정도요? 저희보다 8개월 정도 수명이 짧군요. 혹시 수명이 긴 제품으로 바꿔보고 싶다는 생각은 해보지 않으셨습니까?"

"가끔 그런 생각은 하지요. 하지만 기계를 바꾸면 다루는 방법도 새로 배워야 할 테고……. 그럼 현장에서는 한바탕 혼란을 겪을 테니 엄두도 못 내고 있어요."

"네, 그 기분은 저도 잘 압니다. 그런데 사장님께서 상상하시는 것만큼 혼란이 클까요? 지금 사용하시는 기계를 들여놓은 지 얼마나 되셨습니까?"

"한 3년쯤 됐을 거예요."

"그렇다면 3년 전까지 사용하던 기계를 지금의 제품으로 바꾸신 거군요."

"그렇지요. 그런데 알고 싶은 내용이 도대체 뭔가요?"

"기계 교체로 얼마나 큰 혼란이 일어났는지 궁금해서요."

"정확히 기억나지는 않지만, 능률이 오르지 않자 직원들이 새 기계 때문이라고 불평을 했어요. 하지만 금방 극복할 수 있었지요”

“그렇다면 사장님께서는 그런 작은 혼란이 일어날까 봐 경비를 절약할 수 있는 방법을 애써 외면하고 계시는 건가요?”

“뭐, 꼭 그런 것은 아니지만, 나는 직원들의 불평을 정말 듣고 싶지가 않아요. 솔직히 말하면 기계 수명이 짧아서 불만이긴 해요.”

“그렇다면 같은 값이니, 저희 회사 제품을 시험 삼아 써보지 않으시겠습니까? 저희 회사 제품의 성능을 알아보고 현장 직원들의 반응도 살펴봐야 하니까요.”

비즈니스맨은 목적을 가진 질문을 계속 던짐으로써 대화 주도권을 잡을 수 있었다. 그 결과, 그는 혼란이 두려워 기계를 바꿀 생각을 전혀 하지 않던 거래처 사장의 마음을 움직였으며, 자기 회사의 제품을 시험적으로 들여놓게 하는 기회를 잡을 수 있었다.

이와 같은 성공은 그가 거래처 사장의 두뇌를 활발히 움직여 문제를 생각해보도록 만들었기 때문에 가능했다. 그 사장은 비즈니스맨의 질문에 대답하는 과정에서 자신의 생각이 이치에 맞지 않는다는 점을 비로소 깨달았던 것이다.

상대방에게 협조를 요구한다

감정은 대화 방향에 영향을 끼칠 수 있다

감정의 동물인 사람은 자신의 감정을 밖으로 표현하고 싶어 한다. 이 때 가장 많이 사용하는 방법은 다른 사람과 대화를 나누는 것이다. 그런 점에서 사람은 누구나 수다쟁이 기질을 가졌다고 할 수 있다.

누군가와 대화할 때 사람은 대부분 두 가지 욕구가 마음속에 생긴다. 대화 주제를 논리적으로 풀어나가려는 이성적 욕구, 그리고 느낌이나 불만 등을 대화 사이사이에 끼워 넣고 싶은 감정적 욕구가 그것이다. 하지만 대화를 나누면서 이 두 가지 욕구를 동시에 표현할 수는 없다. 그래서 사람들은 이성적, 감정적 욕구를 모두 충족시키기 위해 대화 방향을 이리저리 옮겨 다니는 경향이 있다. 이런 일이 빈번해지면 그 대화는 결국 목적했던 바를 이룰 수 없게 된다. 그뿐 아니라 감정에 휘말려 처음에 어떤 문제를 갖고 대화를 시작했는지조차 잊어버리게 된다.

어떤 회사에서 마케팅을 총괄하는 부사장과 영업부장이 대화를 나누고 있다. 이 회사의 판매 구조는 생산한 제품을 도매상에 먼저 팔게 되어 있다. 그리고 거기에서 소매상으로 다시 물건을 파는 것이다. 그런데 영업부장은 상품을 도매상뿐 아니라 소매상에도 직접 파는 것이 여러 면에서 회사에 도움이 된다고 판단하고 있다.

"우리 회사의 판매 방침이 도매상에만 물건을 넘기는 것으로 돼 있다는 것을 잘 압니다. 그런데 이 유통 구조는 아무래도 문제가 있는 것 같습니다. 소매상들은 도매상을 거치지 않고 직접 상품을 구입할 수 있도록 해달라고 압력을 가해오는 실정입니다. 그들은 상품을 직매할 수 없다면 더 이상 우리 제품을 취급하지 않겠다고 버티고 있습니다."

"나도 알고 있네. 하지만 판매 방법을 바꿀 수는 없어. 만일 소매상에 직접 물건을 판다면 이번에는 도매상이 들고 일어날 테지. 그들에게 회사 처지를 이해시키는 일이 자네가 할 일 아닌가?"

"물론 그들을 이해시킬 수는 있습니다. 지금까지 저희 영업부 직원들이 최선을 다해 일해왔다는 사실을 잘 아시잖습니까? 제가 부장이 된 후 회사를 그만둔 영업부 직원은 한 명도 없습니다."

➡ 이렇게 자기 능력을 은근히 드러낸 것은 대화의 목적과는 관계가 없

상대방의 마음을 움직이는 대화 습관

다. 이런 말이 나온 이유는 부장의 마음속에 다른 욕심이 있기 때문이다.

"자네가 사원들을 잘 관리한다는 것은 나도 아네. 그런데 무엇보다도 중요한 것은 때때로 무리한 요구를 해오는 덩치 큰 소매상들을 확실히 눌러두는 일이지. 그들은 매출액을 높여준다는 미끼로 마구 밀어 붙이려고 하거든. 이쪽에서 작은 틈만 보여도 그들의 손에 끌려 다니게 될 걸세."

→ 부사장은 규모가 큰 소매상들에 대한 불만을 솔직하게 말하고 있다.

"그래서 지난달부터 광고에 신경 쓰고 있습니다. 소비자들의 구매 욕구를 자극하기 위해서입니다. 소비자들이 물건을 찾는데 어쩌겠습니까? 물건을 주문해야겠지요. 또 영업부 팀원들은 나름대로 판매율을 높이기 위해 발이 닳도록 거래처를 찾아다닙니다. 그들은 눈에 띄는 자리에 물건을 놓아달라고 갖은 아양을 다 떨지요. 소매업자들은 제가 우리 회사의 판매 방침을 차근차근 설명하면 그 말에 어느 정도 수긍하는 것 같습니다. 그러나 다른 사람의 말은 귓등으로도 듣지 않지요. 그렇다고 제가 언제까지나 그 사람들만 달래고 있을 수는 없지 않습니까?"

→ 팀원들의 노력을 인정하고 있다. 그런데 소매상들이 자기의 설명에 수긍한다는 표현은 팀원들이 열심히 일한다는 것을 보고하는 데 꼭 필요한 이야기는 아니다. 영업부장은 불안한 감정을 진정시키고, 스스로에게 앞으로 나아지리라는 암시를 던지기 위해 이렇게 말한 것이다.

"소매상들의 처지를 모르는 것은 아닐세. 그들도 돈을 벌려고 장사를 하는 것이니까 말이야. 하지만 사장님이 결제를 하지 않으니, 이대로 밀고 나가는 수밖에……."

"그렇다면 별 수 없지요. 당분간 그들을 더 설득해보는 수밖에요. 그런데 부사장님, 지난주 밤낚시에서 월척을 낚으셨다면서요?"

"그 소문이 자네 귀에까지 들어갔나? 잘못했으면 낚싯대까지 물고 들어갈 뻔했지. 허허! 마침 점심시간이 됐으니 함께 나가서 생선구이나 먹을까?"

두 사람은 회사의 판매 구조에 대해 대화를 나누면서 때대로 자신의 감정을 끼워 넣고 있다. 그래서 대화가 쓸데없이 길어졌고 대화의 목적에서도 벗어나곤 했다. 이렇듯 감정은 대화 방향을 좌우하기 때문에 조심할 필요가 있다. 반면, 감정을 이용해 상대방의 협력을 구하는 방법도 있다.

상대방에게 어떤 일에 대해 사과할 때 우리는 좀처럼 말을 꺼내기 못한다. 그래서 직접 관계가 없는 이야깃거리를 먼저 꺼냄으로써 용건을 무의식중에 뒤로 미뤄 놓는 경향이 있다. 하지만 상대방에게 사과하지 않으면 안 될 때는 처음부터 사실을 말하는 편이 좋다. "사실 오늘 찾아뵌 것은……"이라고 단도직입적으로 용건을 꺼내는 것이다.

이처럼 자기 잘못에 대해 단도직입적으로 나오면 상대방은 더 이상 공격할 기분이 들지 않는다. 즉, 자기에게 불리한 점을 스스럼없이 말하는 자세는 상대방에게 자신의 성실함을 증명해 보이는 것이며, 우물쭈물 거리는 것보다 확실하게 말하는 것이 더 좋은 결과를 가져온다.

반면, 세상 이야기 등으로 시간을 질질 끌다가 마지막에 겨우 사과하는 사람은 상대방에게 책임 회피의 인상을 심어주어 오히려 나쁜 결과를 가져올 수 있다. 심지어 상대방에게 '저 사람은 자기가 잘못했다는 것을 못 느끼나 봐' 라는 생각을 갖게 해 신뢰할 수 없는 사람이라는 인상을 심어주게 된다. 이렇듯 잘못을 사과하는 방법 하나에 따라 실패가 성공으로 바뀔 수도 있다.

2 협조를 구하려면 예의를 갖춰 말한다

상대방의 협조를 구하려면 어떤 방법으로 대화하는 것이 좋을까? 이 문제는 아주 간단하다. 상대방이 기분 좋은 상태에서 말을 계속할 수 있도록 유도하는 것이다. 이야기를 하면서 상대방이 자주 미소 짓거나 큰 소리로 웃는다면, 대화의 목적은 벌써 이루어진 것이나 마찬가지다. 상대방은 '이 사람은 내 능력을 높이 평가하고 있다' '나는 매우 중요한 사람이다' 라고 생각하기 때문에 협조하는 쪽으로 마음이 기운다. 그는 자신이 알고 있는 정보를 아낌없이 제공할 것이다.

그런데 상대방으로 하여금 흔쾌히 정보를 알려주도록 하려면 말하는 사람이 예의를 갖춰야 한다. 정장을 차려 입고 정중하게 말하라는 뜻이 아니다. 그렇다면 지금부터 예의 있게 말하는 방법들을 살펴보자.

첫째, 상대방에게 대화하려는 목적을 분명히 밝혀야 한다. 사람들은 상대방에게 이야기하거나 질문할 때 그 이유나 목적을 밝히지 않는 경우가 많다. 그런데 이런 일이 반복되면 상대방은 '이 사람은 신뢰할 수 없다' '너를 믿지 못하겠다' 라고 생각하게 된다. 이와 같은 판단은 "이 질문에 대답해주면 함정에 빠지는 것이 아닐까?"라는 의심으로 이어진다. 그리고 마침내 상대방은 불쾌해져서 말수를 줄인다. 그럼 말하는 사람은 상대방의 협조를 구하기는커녕 대화를 계속할 수조차 없다.

영업팀장과 팀원이 비즈니스 방법에 대해 대화를 나누고 있다. 그런데 팀장은 질문의 목적을 숨기고 있다.

"자네는 능력 있는 비즈니스맨의 조건이 무엇이라고 생각하나?"

"능력 있는 비즈니스맨의 조건이요? 그거야 상대방을 끝까지 공략할 수 있는 끈기와 인내력, 그리고 아주 매끈한 화술이겠지요. 그런데 그것은 왜 물어보세요?"

"자네는 자신의 성격이 좀 공격적이라고 생각하지 않나?"

"네. 그 점은 저뿐 아니라 동료들도 인정하고 있습니다. 비즈니스에 성공하려면 무엇보다도 상대방을 제압하는 힘이 있어야 하니까요."

"비즈니스맨에게 공격적인 성격은 어떤 것이라고 생각하지?"

"글쎄요. 요령 있게 말하면서 상품을 사도록 권하고, 만일 사지 않겠다고 해도 끈질기게 매달려보는 것이겠죠. 그런데 팀장님께서 그런 질문을 하시는 이유가 궁금한데요. 혹시 제가 비즈니스를 할 때 공격적으로 하지 않는다고 생각하십니까?"

"가정을 방문해서 물건을 팔 때 어떻게 하고 있나?"

"어떻게 하다니요? 팀장님께서 직접 보신 적도 있잖아요?"

→ 팀원은 초조해져서 말을 더듬기까지 한다.

"자네가 어떻게 하는지 자세히 알고 싶어서 그러는 거야."

"처음에는 공손하게 인사하고, 다음에는 상품에 대해 알아듣기 쉽게 설명하지요. 그리고 팸플릿이나 카탈로그를 보여주고, 호감을 보이는 사람에게는 상품의 장점을 한 번 더 친절하게 설명합니다."

"적극적으로 사라고 권하기도 하나?"

"그럼요. 그것은 당연하지 않습니까? 제 판매 성적이 좋다는 것은 팀장님께서도 더 잘 아시잖습니까? 그러니 새삼스럽게 방법이 좋다 나쁘다라고 말씀하실 필요는 없다고 생각하는데요."

→ 팀원은 조금씩 짜증을 내기 시작한다.

"자네의 실적이 높다는 것은 잘 알고 있지. 하지만 좀 더 많이 팔기 위해 방법을 바꿔볼 수도 있잖은가? 지난번에 자네와 함께 돌아다니면서 자네의 태도에 문제가 좀 있다고 느꼈었네."

"하시고 싶은 말씀을 정확히 해주세요. 저는 제 방법대로 최선을 다해 영업을 하고 있습니다. 팀장님께서도 영업을 할 때 반드시 지켜야 할 법칙은 없다고 하셨잖습니까? 그리고 팀장님과 함께 다녔을 때는 시간이 너무 늦었기 때문에 물건을 많이 팔 수 없었다는 것도 기억하실 텐데요."

→ 팀원의 표정과 말투가 팀장과 한바탕 싸움이라도 할 기세이다.

팀장은 팀원이 자기 단점을 솔직하게 인정하지 않는다고 판단하고 있다. 그래서 그를 믿을 수 없다는 생각을 은근히 내비쳤고, 말도 함부로 했다. 팀장이 진짜 하고 싶었던 말은 다음과 같다. 그리고 팀원도 숨겨진 의미를 충분히 파악했다.

"자네는 능력이 부족하다는 점을 끝까지 인정하지 않고 변명만 늘

상대방의 마음을 움직이는 대화 습관

어놓는구먼. 내가 해주는 충고는 조금도 받아들이고 싶지 않은 모양이지. 이런 태도만 보더라도 자네를 믿을 수가 없어. 나는 자네가 솔직하지 못하다는 것을 진작부터 알고 있었기 때문에 일부러 돌려서 물어본 거야. 자네는 결코 자기 잘못을 시인하지 않을 테니까."

팀장의 말투에서 이런 생각들이 확연히 드러나고 있다. 그래서 팀원은 팀장의 질문에 숨겨진 의도가 무엇인지를 의심하기 시작했으며, 팀장에게 비협조적인 태도를 보일 것이라는 점은 누구나 짐작할 수 있다. 팀장이 대화를 시작하기 전에 좀 더 신중하게 생각했다면 이렇게 이야기를 꺼냈을 것이다.

"자네의 영업 방법에 대해 의논할 일이 있네. 지난번에 자네와 함께 가정 방문 판매에 나섰을 때 느꼈는데 말이야. 늦은 시간이긴 했지만 자네가 좀 더 노력했다면 물건을 훨씬 더 많이 팔 수도 있었겠다는 생각이 들더군."

차근차근 잘못을 지적하는 팀장에게 팀원은 "미처 깨닫지 못하고 있었습니다. 팀장님, 좀 더 구체적으로 말씀해주세요. 앞으로 그런 실수를 반복하고 싶지 않습니다"라고 대답했을 것이다.

둘째, 대화할 때는 늘 겸손한 태도로 말한다. 예를 들어, 어떤 문제를 설명할 때 알아듣기 쉽게 한다고 너무 간단하게 말해버린다면 상대방은 자신을 무시한다고 오해할 것이다. 또한 상대방에게 말할 기회를 주지 않는다면 그는 소외감을 느끼게 되어 우울해질 것이다.

환자의 기분을 무시한 채 말하는 간호사가 있다. 그녀는 마치 환자의 엄마라도 되는 듯한 태도를 보인다.

"오늘 기분은 어떠세요? 어머, 죽을 드시지 않았네요."

"배가 안 고파요."

"그럴 리가 있어요? 억지로라도 드셔야지요. 어서 죽을 드세요. 기운이 좀 날 거에요."

➡ 간호사는 환자의 말은 들은 척도 하지 않는다. 환자의 말을 무시하고 있는 것이다.

"죽은 이제 질렸어요. 보기만 해도 넘어오려고 해요."

"자, 숟가락으로 떠 드릴 테니까 다 잡수셔야 돼요."

➡ 마치 환자를 아기 다루듯 하고 있다.

"약이나 주세요."

"죽을 다 먹어야 약을 드릴 거예요. 자, 어서요. 저도 시간이 없어요. 다른 환자가 기다리고 있잖아요."

➡ 간호사는 환자가 자신과 오래 있고 싶어서 그런다고 생각한다.

간호사는 직접 환자를 모욕하거나 무시하는 말을 하지 않았다. 그러나 환자가 하는 말을 전혀 인정하지 않음으로써 그의 협조를 바랄 수 없

상대방의 마음을 움직이는 대화 습관

게 됐다. 간호사가 좀 더 친절하고 공손한 마음가짐을 가졌다면 대화는 다음처럼 흘러갔을 것이다. 그럼 환자도 자연스럽게 협조하게 된다.

"어머, 오늘 아침에는 죽을 하나도 안 드셨네요."

"배가 고프지 않아요."

"어디가 불편하세요?"

"머리가 좀 아파요."

"진작 말씀하시지요. 두통약을 드릴 테니 드시고 누워 계세요. 그리고 배가 고프지 않더라도 죽을 다 드신 뒤 약을 복용해야 속을 버리지 않아요."

→ 간호사는 환자를 보면서 살짝 미소까지 짓는다.

간호사가 환자의 의견을 존중하고 있다는 것이 바로 느껴진다. 즉, 간호사는 환자가 식욕이 없다고 호소하는 것을 인정해 원인이 무엇인지를 알아내려 한다. 그녀는 두통약도 주겠다고 말했다. 더불어 약을 먹기 전에 죽을 먹는 것이 좋겠다고 넌지시 암시했다. 그러나 어떻게 할지에 대한 결정은 환자 스스로 내리도록 유도하고 있다. 환자는 틀림없이 간호사의 말에 따라 죽을 다 먹은 후 두통약을 복용했을 것이다.

셋째, 친절하고 공손한 태도로 상대방을 대한다. 사람은 누구나 상대방의 관심을 끌거나 칭찬하고 싶을 때면 기분 좋은 말들을 총동원하려고 애쓴다. 그러나 그의 태도나 말투가 거칠다면 그는 자신이 목적한 바를 이룰 수 없다.

예를 들어, 한 아가씨에게 열렬하게 구애하는 청년이 있다. 그는 아가씨의 생일을 알아냈다. 드디어 아가씨의 생일, 그는 아가씨의 나이만큼 장미를 사서 근사하게 꽃다발을 만들었다. 아가씨의 집 앞에서 기다리던 청년은 아가씨가 나타나자 꽃다발을 내던지듯이 건네주었다. 그러고는 무뚝뚝한 말투로 "생일 축하해요"라고 말한 뒤 가버렸다. 아가씨의 설레던 가슴은 어느새 불쾌감으로 가득 찼다. 그가 공손하게 꽃다발을 건네면서 부드러운 목소리로 "생일을 진심으로 축하합니다"라고 말했다면, 아가씨는 그를 새롭게 평가하기 시작했을 것이다. 그러나 그의 태도가 너무 무례했기 때문에 아가씨는 오히려 자존심이 상했다.

다른 사람에게 말하거나 어떤 태도를 나타낼 때는 반드시 상대방의 처지가 되어보도록 한다. 즉 '내가 이런 말을 들으면 어떤 기분일까?' '나의 태도를 어떻게 생각할까?' 등을 스스로에게 물어보는 습관을 기른다면 상대방의 협조를 구하는 방법을 더욱 더 빨리 터득할 수 있을 것이다.

넷째, 상대방이 하는 말 속에서 그가 말하고자 하는 목적을 정확히 파악한다. 사람은 누구나 대화를 나눌 때 이야기의 주제와 내용을 일목요연하게 표현하고 싶어 한다. 그리고 될 수 있으면 상대방도 일관성 있게 말해주기를 원한다. 그러나 이것은 매우 어려운 대화법이다. 사람의 생각은 이성적인 면과 감정적인 면을 넘나들기 때문이다. 만일 상대방의 말이 지나치게 감정적이라고 판단해 무시해버린다면, 그는 당신의 논리적인 말에 더 이상 귀 기울이지 않을 것이다.

그러므로 대인 관계를 원만히 해나가기 위해서는 대화를 통해 서로의 이론적인 생각을 주고받을 수 있어야 한다. 또한 대화를 통해 상대방의 감정 상태까지 알려고 노력해야 하며, 그가 표현하는 감정적인 말을 끝까지 들어주는 인내심도 길러야 한다. 그리고 그의 감정을 위로하거나 인정하기 위해 적절한 말을 준비하는 자세도 필요하다.

또한 대화할 때 상대방이 주제에서 벗어난 말을 하고 있어도 그의 잘못을 지적하지 않도록 주의한다. 그것보다는 상대방이 더 많이 이야기할 수 있도록 유도함으로써 그가 주장하는 바를 알아내도록 한다. 그가 말하려는 목적이 대화 속에 포함되어 있으므로 어렵지는 않을 것이다. 그러나 그 목적을 찾기 위한 노력을 기울이지 않는다면 대화를 나누는 것 자체가 무의미해진다.

아버지와 12세 된 아들의 대화를 들어보자.

"어디, 성적표 좀 보자. 음, 성적이 많이 떨어졌네."

"열심히 했는데도 성적이 떨어졌어요."

"정말이니? 아빠가 보기엔 공부보다 야구를 하거나 텔레비전을 열심히 시청하던걸? 그랬으니 성적이 좋을 리가 있겠어?"

"아니에요. 숙제도 꼬박꼬박했고, 예습과 복습도 잘하는 편이었어요. 지난주 일요일 아침에는 아빠와 등산을 가기로 했잖아요. 저는 등산을 다녀와서 저녁까지 공부를 해야겠다고 마음먹고 있었거든요. 저녁밥을 먹은 후에는 친구네 집에 놀러가기로 약속했고요."

"등산 이야기는 갑자기 왜 꺼내니?"

"아버지도 참. 한 번 생각해보세요. 등산을 안 가니 아침부터 제 계획은 엉망이 돼버렸어요. 저는 이것저것 하느라 하루가 어떻게 지나 갔는지조차 몰랐다고요."

"그런 엉터리 이야기로 시험 성적이 좋지 않은 것을 변명하는 거야? 그것보다는 앞으로 열심히 공부해서 성적을 올리겠다고 말하는 편이 훨씬 좋겠구나!"

"알겠어요, 아버지. 더 열심히 노력할게요."

"매일매일 성실하게 공부하는 것이 최고야! 공부를 게을리 하면 텔레비전도 못 보게 할 거야."

아버지는 아들에게서 열심히 노력해서 좋은 성적을 올리겠다는 약속을 받아내기 위해 대화를 나누고 있다. 그는 아들이 등산 약속을 아버지가 어겼다고 따져도 전혀 귀담아 듣지 않는다. 등산과 공부는 관계없다며 아들의 말을 무시한다. 분명히 아들의 주장은 이치에 맞지 않는다. 그러나 아버지는 이런 말을 하는 아들의 마음속에 어떤 감정이 숨어 있는지를 주의 깊게 살폈어야 한다. 그는 아들을 윽박지름으로써 아들의 화난 감정을 그대로 남겨 놓았다. 결국 아들이 잘못을 인정하고 자발적으로 공부할 수 있는 분위기를 조성하는 데 실패한 것이다.

아들이 아버지가 등산 약속을 어겼다고 말한 것은 나름대로 목적이

상대방의 마음을 움직이는 대화 습관

있어서이다. 그는 결코 아무 생각 없이 불쑥 그 말을 꺼낸 것이 아니다. 아버지가 아들의 생각을 눈치 채고 그의 말에 관심을 보였다면 대화의 흐름은 어떻게 변했을까? 대화의 중간 부분부터 새롭게 생각해보자.

"등산 계획이 무너지니까 하루 동안의 계획도 뒤죽박죽이 되었지 뭐예요. 저는 친구들이 과학 도서관에 함께 가자는 것도 싫다고 했거든요."

"등산을 못 간 것은 정말 미안하게 생각해. 아빠는 토요일 늦게까지 일하느라 너무너무 피곤했거든. 등산을 못 간 것이 속상해서 공부가 안 되었다면 아빠가 사과해야지. 이해해주렴."

"맞아요, 아빠. 그 생각이 자꾸 떠올라 숙제도 간신히 했어요."

"그래, 그럼 이번 일요일에 아침 일찍 일어나 등산을 가자."

"와, 정말이세요?"

"그럼, 약속하지. 하지만 공부를 소홀히 한 건 잘한 일이 아니야. 아빠가 약속을 지키지 못해 미안하지만, 그래도 너는 공부를 열심히 했어야 하는 거야. 성적이 떨어지면 너도 기분이 안 좋잖아?"

"네, 아버지 말씀이 옳아요. 더 열심히 노력할게요."

이 경우 아버지는 대화 폭을 넓혀 나가고 있다. 그래서 두 사람은 대화를 통해 서로의 생각을 더 잘 알게 됐다. 그는 아들의 주장이 정당하고 일관성이 있다고 받아들임으로써 아들의 화난 감정을 풀어주고 있는 것이다. 즉, 공부하는 데 방해가 되고 있는 걸림돌을 치우는 데 성공한 셈이다.

이처럼 상대방이 말하는 사람의 자세를 알아채고 인정하기 시작하면, 그는 마음의 문을 활짝 열고 대화에 적극적으로 참여한다. 그뿐 아니라 말하는 사람의 생각과 감정까지 아무 의심 없이 받아들이게 될 것이다.

비즈니스맨의
화술 기법은 따로 있다

사람은 자기 경험을 마치 객관적인 사실처럼 말하곤 한다. 예를 들어, A라는 사람이 태어나 처음 먹어본 사과가 굉장히 맛있었다. 그는 지금까지 사과를 구경조차 해본 적이 없는 B에게 설명할 기회가 생기면 "사과는 모두 맛있다"고 말할지도 모른다. 한편, B는 A의 말대로 "이 세상의 사과는 전부 맛있다"고 받아들일 수도 있다. 여기에서 알 수 있는 것은 A가 언어의 전달 기능을 잘못 파악하고 있다는 점이다. 그래서 A는 자기 생각이나 느낌을 언어로 전달할 때 실수를 저지르게 되는 것이다.

1   말은 주관적인 느낌을 전달한다

언어는 어떤 사건에 대해 객관적으로 관찰한 내용을 설명하기보다 사람의 심리적인 반응을 표현하는 데 더 효과적이다. 이에 비해 1, 2, 3, 4 같은 숫자는 실험을 통해 확인된 객관적 사실을 더욱 명확히 나타낸다.

언어가 심리적 반응을 표현한다는 말은 무슨 뜻일까? 이는 사람이 자기 마음을 말로 설명하는 것을 일컫는다. 그래서 자로 잰 것처럼 정확한 형태가 될 수는 없다. 즉, 객관적으로 관찰한 사건과 자기 마음이 한데 뒤섞여 혼란스러워지는 것이다. 그래서 사람들은 대화하면서 정신이 다른 곳에 가 있는 것처럼 보이기도 하며, 때로는 관찰한 내용을 사실과 다르게 표현하기도 한다.

어떤 사건을 관찰한 후 설명할 때는 의도한 방향이 변질되지 않도록 주의를 기울여야 한다. 즉, 사건의 본질과 그것을 경험할 때 받은 자기 느낌을 확실히 구별할 수 있도록 노력해야 하는 것이다.

이와 마찬가지로 다른 사람에게서 제공받은 정보를 올바르게 평가하려면 어떻게 해야 할까? 그 방법은 현실적인 정보 내용을 자신의 감정에 치우치지 않고 정확히 구분하는 것이다.

지금부터 상대방에게 얻은 정보나 직접 관찰한 사건을 평가할 때 희망, 기대 따위의 감정에 방해받지 않는 방법들을 살펴보자.

2 객관적 판단을 흩뜨리지 않는 방법

첫째, 어떤 기대를 앞세우지 않도록 노력한다. 간혹 주변에서 일어나는 모든 일들이 자기 생각대로 되지 않을까 봐 안달하는 사람들이 있다. 또한 자기에게 불리하거나 나쁜 일은 절대로 일어나지 않기를 희망하는 어린아이 같은 사람도 있다. 이런 사람들이 갖고 있는 성격적 특성은 엇비슷하다. 즉, 자기 바람에 어긋나는 일이 생기면 누군가가 고의로 그렇게 했다고 미리 판단해버리는 것이다. 그리고 자기에게 이익을 가져다줄 어떤 일을 다른 사람의 방해 때문에 그르치게 됐다고 믿는다. 이 세상에는 자기에게 불리한 일이 벌어지거나, 나쁜 일이 일어나는 경우가 많다. 그러나 어떤 사람들은 인생에서 마주치게 되는 이런 일들을 사실로 받아들이지 못한다.

예를 들어, 위에서 설명한 성격을 가진 한 사람이 식당에 들어갔다. 그는 국을 떠먹기 위해 숟가락을 들었다. 그런데 숟가락이 깨끗이 닦이지 않아 음식찌꺼기가 약간 묻어 있었다. 다른 사람 같으면 종업원을 불러 다른 숟가락으로 바꿔 달라고 요구했을 것이다. 그러나 그는 대뜸 고래고래 소리를 지르며 불같이 화를 냈다. 그가 이처럼 지나치게 반응하는 이유는 무엇일까?

그는 늘 다른 사람들이 자기에게 친절하고 큰 관심을 보이는 것이 당연하다는 기대감을 안고 살아간다. 그런 자신에게 무례하게도 더러운 숟가락을 가져다준 것은 종업원이나 식당의 다른 사람이 그를 골탕 먹이기 위해 고의로 한 짓이라고 생각할 수밖에 없기 때문에 종업원에게 소리를 지르고 불같이 화를 냈던 것이다.

그렇다면 그가 가진 노여움의 의미를 다시 한 번 곰곰이 생각해보자. 그는 정말 깨끗하지 않은 숟가락 때문에 화가 난 것일까? 아니다. 근본적인 이유는 따로 있다. 그의 화를 불러일으킨 더 중요한 원인은 앞에서도 지적했듯이, 자신의 기대치가 무너졌다는 절망감이다. 모든 일이 자기를 중심으로 돌아가야 한다는 확신이 여지없이 무너지자 순간적으로 분노한 것이다. 의미를 좀 더 확대하자면, 그는 자기 기분이나 생각과 상관없이 흘러가는 세월, 변화하는 일들에 막연한 배신감까지 느끼고 있으며, 이런 감정이 더러운 숟가락을 구실 삼아 한꺼번에 폭발한 것이라고 볼 수 있다.

이런 성격을 고치려면 무엇보다도 자신에게 묻고 대답하는 습관을 길러야 한다. 즉, 다른 사람을 판단하거나 비판하기 전에 자신이 그에게 무엇을 기대하고 있는지를 솔직히 물어보는 것이다. 만일 기대하는 바가 있다면 정직하게 큰 소리로 표현한다. 이와 같은 방법은 상대방에게 무언가를 원하는 마음이 너무 커지거나 작아지는 것을 막아준다.

둘째, 정보가 어느 정도 명확한지 밝힌다. 상대방에게 정보를 얻을 때는 반드시 정보 상태를 명확히 파악하는 눈을 가져야 한다. 즉, "이 정보는 가르쳐준 사람의 주관적인 감정이나 경험 때문에 달라진 것은 없는가?"라고 자문하는 것이다. 한마디로, 거래 정보를 제공받았을 경우 자

상대방의 마음을 움직이는 대화 습관

기 주관을 배제한 채 '무엇이 몇 개, 몇 회, 언제, 어디서' 등을 철저히 조사해야 한다는 뜻이다.

예를 들어보자. 한 고객이 비즈니스맨에게 "당신 회사는 늘 약속한 시간 안에 물건을 납품해주지 않아. 이렇게 늦게 물건이 도착하면 우리는 장사를 어떻게 하겠나?"라고 불평했다. 만일 비즈니스맨이 고객의 말을 나름대로 해석하지 않고 그대로 받아들인다면 크게 당황할 것이다. 그래서 일부러 납품을 늦게 하는 것은 아니라고 변명할 수도 있다.

반면, 현명한 비즈니스맨이라면 고객의 기분이 상했을 수도 있다는 이해의 말을 먼저 건넨다. 그런 다음 상대방이 불만을 표시한 부분의 정도를 명확히 확인한다. 즉, "이번에 납품 날짜가 늦어져서 기분이 상하신 것은 충분히 이해합니다. 하지만 지난 1년간 저희가 납품 날짜를 몇 번이나 어겼다고 생각하시는지요?"라고 공손히 물어본다. 비즈니스맨의 핵심을 찌르는 질문에 고객은 지난 1년간 납품 날짜를 어긴 것은 네 번이라는 사실을 떠올린다. 그런데 그 가운데 세 번은 자신이 납품 날짜를 주문서에 잘못 기입해서 발생한 것이다. 따라서 납품은 단 한 번, 하루밖에 늦지 않았다는 것이 밝혀졌다. 이와 함께 그는 납품이 하루 늦어져 장사하는 데 손해 본 것은 없다는 사실도 깨달았다.

직원 채용 여부를 결정하는 인사팀장에게 누군가가 "그는 자주 직업을 바꾼다"라고 말해주었다. 하지만 팀장의 기준은 정보 제공자의 기준과 달라서, 팀장은 빈번하다는 느낌을 받지 않았다. 하지만 간혹 팀장이 정보의 함정에 빠져 그릇된 판단을 내릴 때도 있다. 그러므로 이런 일이 있으면 반드시 그 사람에게 "직장을 몇 번 바꿨는데요?"라고 자세히 물어본다. 만일 몇 년간 몇 회 직업을 바꿨다면 표준치에서 어긋난다고 할 수 없으니 말이다.

이와 같이 기분이 나쁘다면 어느 정도 나쁜지, 늦으면 얼마만큼 늦는지, 빠르면 어느 정도 빠른지 등을 정확히 짚고 넘어가야 한다. 이를 위해서는 막연한 수식어보다 확실한 수나 양을 제시하는 것이 중요하다. 즉, '곧'이라고 하기보다 '다음 주까지'라고 말하는 것이 바람직하다. 다음 주가 확실하지 않다면 '아마'라는 말을 덧붙이거나, 다음다음 주라고 범위를 좀 더 넓혀서 말하도록 한다. 또한 어떤 사람의 성격을 묘사할 때 "반대만 한다"라고 말하지 않도록 주의한다. 이것보다는 "그에게 무엇을 해달라고 부탁하면 이 핑계 저 핑계를 대고 좀처럼 들어주지 않는다"라고 말하는 편이 낫다. 이때도 되도록 '대개의 경우'라는 말을 덧붙인다. 사실 이 말도 정확한 것은 아니지만, 이 이상의 정확성을 표현할 필요는 없다. 특히 '대개의 경우'는 50퍼센트 이상의 확률일 때 주로 사용하는 표현이다.

셋째, 사물이나 어떤 현상의 가치를 단정 짓지 않도록 한다. 사람은 흔히 어떤 사물이나 현상을 있는 그대로 받아들이지 못하는 습성을 갖고 있다. 다시 말해, 하나의 사물은 그 나름대로의 의미를 지니고 있다. 하지만 사람들은 다른 상대나 사물을 접할 때면 그것의 성질이 강한지 약한지, 경제적인지 비경제적인지, 총명한지 바보인지, 정직한지 거짓된지, 잘 될 것인지 못 될 것인지 등과 같이 긍정이나 부정으로 나타내려고 애쓴다. 즉, 사람들은 사물을 있는 그대로 표현하지 않고 자신의 감정을 나타내는 말을 빌려 아주 약하다, 알맞다, 너무 강하다 등의 한정적인 틀 속에 집어넣으려고 하는 것이다. 하지만 일반적으로 현실은 어떤 특정 범주 안에 들어갈 수 없기 때문에 범주 자체는 아무런 의미도 갖지 못한다. 물론 때때로 생각을 정리하고 전달할 경우에 일정 범주가 효과적으로 이용되기도 한다. 단, 문제는 범주의 경계선이 확실하지 않은 경우가 너무 많다는 점이다.

사람들은 자기 나름대로 구분선을 마련해놓은 뒤 모든 현상을 대입시키고 그 결과에 만족해한다. 즉, 어디까지가 강하고 어디부터가 약한지, 어디까지가 고가이고 어디부터가 저가인지, 어디까지가 강세이고 어디부터가 약세인지, 어디까지가 불안이고 어디부터가 안정인지 등의 기준은 사람마다 다르다. 그리고 사람들은 자신이 정한 기준과 지표에 따라 행동한다.

그런데 사람들은 흔히 양 극단의 2개 범주만을 가정하는 경향이 있다. 즉, 부자 아니면 가난한 사람, 천사 아니면 악마, 좋은 것 아니면 나쁜 것만 존재한다. 따라서 우리는 모든 사물과 현상에 중간 영역이 존재한다는 사실을 반드시 인식해야 한다. 특히 사물이나 현상의 많은 부분이 이 회색 공간에 놓여 있다. 그러므로 어떤 사물에 대해 '이렇다' 라는 거의 확정적인 말을 듣게 되더라도 그것의 반대는 무엇일까를 자문해보고 답을 찾아야 한다. 그런 다음 얻은 정보와 비교해봄으로써 진실에 더욱 가까운 의미를 획득할 수 있게 된다.

예를 들어, 어떤 사람이 신상품은 광고만 잘 하면 많이 팔린다고 말했다. 이때 잘 팔린다, 안 팔린다라고 다투는 것은 쓸데없는 일이다. 그보다는 다음과 같은 질문을 던져야 한다. 즉 "잘 팔릴 것이라는 것은 어떤 뜻인가?" "얼마만큼의 광고비가 필요한가?" "그만한 광고비를 투자할 만큼 가치가 있는가?"라는 단계적인 질문을 구체적으로 던지는 것이다. 이 과정에서 그는 광고비 지출과 비례해 판매율도 계속 높아지는 것은 아니라는 사실을 깨닫게 된다. 그 결과 더 나은 판매 전략을 세울 수 있다.

넷째, 미리 판단하지 말고 상황에 따라 결단을 내린다. 어떤 사람들은 특정한 상황에서 결단을 내리는 일을 몹시 싫어한다. 이들은 대부분 생활에 필요한 행동들을 자기가 정해놓은 규칙 안에서만 해나간다. 즉, 하루에 세수를 몇 번 하고, 전자제품은 어느 브랜드만 구입하며, 아내에 대한 애정은 어떤 방법으로 표현하고, 자녀들을 타이를 때는 이렇게 말한다 등이 그 예이다. 그들은 일반적인 상황이나 특별한 일이 발생할 때마다 자기감정과 처지를 고려해 정확한 결단을 내리지 않는다. 그보다는 안전한 길이라고 할 수 있는 자기만의 일정한 규칙에 따른다.

그런데 이런 규칙도 나름대로 함정을 갖고 있다. 그의 주변에서 발생하는 모든 일이 그가 정해놓은 규칙 안에 반드시 포함되는 것은 아니라는 점이다. 사물이나 사건 등은 범주와 범주 사이에 놓여 있는 경우가 더 많다. 그럼에도 사람들은 모든 것을 일정한 규칙 속에 집어넣으려는 욕심을 버리지 않는다. 그래서 문제를 개선하거나 해결하지 못하고 있는 것이다.

예를 들어, 한 회사가 정해놓은 일정한 방침에 대해 생각해보자. 이 회사는 영업부에 소속된 사원의 학력을 대학교 졸업 이상이라고 못 박아 두었다. 그런데 이 회사의 영업부장은 실력이 뛰어난 영업사원을 빠른 시간 안에 길러내야만 하는 처지다. 그때 마침 인상이 좋고 인내심과 열의도 있어 보이는 남성이 입사 지원서를 냈다. 그런데 그의 최종 학력은 대학 2학년 중퇴였다. 영업부장은 그 남성의 자질이 무척 탐났다. 그러나 회사 방침 때문에 그를 채용할 수 없었다. 결국 그 회사는 스스로 정한 방칙에 얽매여 성공 가능성이 높은 영업사원 한 명을 다른 회사에 뺏기고 말았다.

이처럼 현실적으로 발생하는 많은 문제들을 한정된 방침이나 규칙에 적용시켜 해결할 수는 없다. 언제나 예외라는 함정이 도사리고 있기 때문이다. 또한 어떤 문제를 방침이나 규칙에 따라 해결했다고 해도 그것이 반드시 건설적이고 바람직한 해결 방법은 될 수 없다.

한편, 업무를 처리하는 절차가 복잡해질수록 사원들은 독창적인 해결 방법을 찾아 연구할 수 없다. 즉, 활발하게 움직이던 그들의 사고가 점차 활동을 멈추게 되는 것이다. 이와 같은 행위는 그들의 우수한 두뇌를 아무 쓸모가 없는 것으로 폐기시켜 버리는 지름길이다. 결과적으로 경영자는 회사의 가장 중요한 재산 가운데 하나를 잃어버린 셈이다.

이와 같은 불합리한 경영에서 벗어나려면 어떤 방법을 모색해야 할까? 무엇보다도 잠재 능력이 뛰어난 사람을 채용해야 한다. 그리고 그들의 사고 능력을 최대한 개발할 수 있는 바람직한 환경을 마련해줄 필요가 있다. 이런 방법과 더불어 그들이 최고경영자가 세운 목표를 자연스럽게 납득할 수 있도록 힘써야 한다. 또한 어떤 문제에 부딪혔을 때 상황을 자세히 살펴봄으로써 문제의 원인이 무엇인지를 분석할 수 있도록 그들을 교육시켜야 한다. 이런 과정을 통해 그들은 수많은 대응 방법을 마련하고 가장 좋은 해결책을 찾게 된다. 이렇게 자신의 잠재 능력을 개발한 사원들은 어떤 장점을 갖추게 될까? 그들은 어떤 사건이 돌발적으로 발생하더라도 그때그때 상황에 알맞은 대응책을 쉽게 구할 수 있어 문제를 원만히 해결해나간다. 또한 똑같거나 비슷한 일이 또다시 일어나지 않도록 예방책도 강구한다.

따라서 최고경영자는 스스로 방법을 모색하고 결단을 내릴 수 있는 사원을 많이 길러내는 것이 회사에 더 큰 이익이 된다는 사실을 깨달아야 한다. 즉, 회사의 방침과 절차를 따라가기에 급급한 사원들보다 스스로 방법을 찾기 위해 창조적으로 사고하는 사원이 회사에 실질적인 도움이 되는 것이다.

다섯째, 자기 의견을 말할 때는 반드시 이치에 맞는 증거를 댄다. 사람은 흔히 상대방이 가진 정보가 참인지 거짓인지를 논리적으로 따지기에 앞서, 그의 인상에 따라 정보를 사실인 것처럼 믿기도 하고 믿지 않기도 한다. 예를 들어, 입사 면접에서는 귀공자 타입의 얼굴을 가진 응시자가 그렇지 않은 응시자보다 유능하고 양심적이며 믿음직스럽게 보이는 것이 사실이다. 하지만 정말 그런 사람인지는 함께 일해보기 전까지 알 수 없는 것이다.

이와 마찬가지로 사람들은 어떤 현상을 말할 때 명명백백하게 밝혀진 사실을 근거로 삼기보다 자신이 갖고 있는 막연한 이미지에 의존하는 경향이 있다. 그래서 자신의 말이 사회적으로 어떤 영향을 끼치게 될지 미처 생각해보지도 않은 채 다음과 같이 말한다.

- "주식 투자로 한 밑천 잡았다니 굉장히 운이 좋은 거야. 내가 아는 사람은……."
- "요즘 의사들은 히포크라테스 선서를 잊어버렸어. 너도나도 돈 벌기에만 혈안이 되어 환자를 사람 취급도 안 한단 말이지. 글쎄 내가 아는 사람이 진찰을 받으러 갔는데……."
- "교육은 더 이상 필요 없어. 한참 공부해야 할 아이들은 점점 타락해가고 어른도 못 알아보니……."

또 어떤 사람은 비즈니스맨에 대한 고정관념을 갖고 있어서 "그들은 쓸데없는 말이나 늘어놓고 회사 경비만 낭비하는 교양 없는 인간일 뿐이야!"라고 말한다. 하지만 비즈니스맨 중에는 고상한 취미를 갖고 있고, 모든 일을 신중하게 처리하며, 모르는 것이 없을 정도로 박식하면서도 교양이 풍부한 사람도 많다.

이처럼 어떤 사람이 특정한 일에 대해 말할 때 감정이 개입되어 있는 것처럼 보인다면, 그렇게 말하는 정확한 근거를 제시해달라고 요구할 필요가 있다. 이때 그가 근거를 제시하지 못한 채 우물쭈물한다면, 개인적으로 안 좋은 감정이나 희망 등을 뒤섞어서 말한 것이라고 의심해볼 수 있다.

말하는 사람도 상대방에게 타당한 이유를 댈 수 없다면 자기 태도를 반성해야 한다. 만일 자기 마음속에 그런 감정이 조금이라도 있어서 그렇게 말한 것이라면, 솔직하게 인정하고 고쳐나가도록 노력해야 한다.

3 주는 것이 받는 것이다

홀륭한 비즈니스맨의 무기가 화술만 있는 것은 아니다. 그는 자신이 동원할 수 있는 모든 것을 가지고 상대방과 승부한다. 그런데 이 말은 역설적으로, 아무것도 가지지 않은 채 승부한다는 말과도 같다. 다시 말해, 비즈니스를 할 때 특별한 무엇을 마련하지 않는다는 뜻이다. 그 대신 고객에게 제공할 수 있는 것이 무엇인가를 살핀 뒤 그것을 최대한 제공하는 데 전력을 기울인다. 주는 것이 받는 것이라는 사실을 깨닫고 있는 것이다.

경험이 많은 비즈니스맨의 경우, 그는 결코 자기 상품을 파는 데 노심초사하지 않는다. 고객을 접대하면서 그런 일에 마음을 쓰면, 심리적 장애물에 부딪혀 상품의 가치를 바르게 소개할 수 없기 때문이다.

제너럴 밀즈사의 하리 바리스 사장은 재봉틀 판매원을 하면서 대학을 졸업했다. 그는 판매원으로 성공하려면, 팔려는 마음만 갖지 말고 자기가 제공하려는 서비스에 전력을 집중할 필요가 있다고 말한다. 고객을 위한 서비스에 전력을 기울이면, 자기도 모르게 평소보다 활발하고 기운도 강해진다는 것이다. 그럼 고객은 그 기운에 저항하기 힘들어진다고 한다. 자기를 위해 어떤 문제를 해결해주려는 사람을 거부할 수 없게 되는 것이다. 그래서 그는 자기 회사 비즈니스맨들에게 이런 말을 자주 하곤 했다.

"매일 아침 '오늘이야말로 판매 실적을 부쩍 올려야지' 라고 다짐하지 마라. 그 대신 '오늘이야말로 고객들의 기분이 좋아지도록 많이 도와야지' 라고 결심하라. 그런 생각으로 일을 시작하면 고객에게 접근하는 것이 분명히 쉬워지고, 따라서 판매 실적도 오르게 된다. 자기 동포에게 지금보다 훨씬 즐겁고 편한 생활을 가르쳐주겠다는 자세로 씩씩하게 나아가는 사람이야말로 가장 뛰어난 비즈니스맨이다."

몇 년 전 한 친구의 부탁으로 어떤 모임에서 강연을 하게 되었다. 청중은 결코 만만치 않은 사람들이었다. 강연 전 나는 몹시 불안했다.

"사람들이 내 연설에 공감하지 않으면 어떻게 하지?"

나는 안절부절못하며 그 친구에게 말했다.

"모두가 나에게 반감을 가지면 어떡해?"

그러자 그 친구가 차갑게 대답했다.

"왜 모든 사람들이 자네에게 호의를 가져야 한다고 생각하지? 청중을 위해 무엇을 해줄 수 있다고 생각하는 건데? 자네 말에 무슨 큰 뜻이 있다고 생각하느냐고?"

"적어도 나에게는 의미가 있지."

"그렇다면 자네는 자네가 말하고 싶은 바를 말하면 되는 거야. 청중이야 어떻게 생각하든 상관없지 말고."

그 이후 강연에 대한 나의 생각은 완전히 바뀌었다. 그 친구 덕분이었다. 지금 나는 강연을 하기 전이면 짤막한 기도를 드린다.

"제발 하느님, 제가 여기 모인 사람들에게 도움이 될 수 있는 말을 하도록 도와주시옵소서."

나는 나의 말이 그들에게 도움이 되기를 간절히 바라게 됐으며, 이 기도는 언제나 나를 도와주었고 확실히 나를 겸허하게 만들었다. 그리고 강연자로서의 내 사명은 나를 자랑하자는 것이 아니라, 듣는 사람의 정신에 어떤 가치 있는 자극을 주는 것이라는 점을 자각하도록 해주었다.

정리하면, 비즈니스라는 것은 다른 종류의 성공과 마찬가지로 받으려고만 해서는 성립되지 않으며, 오히려 주는 데에 전력을 기울임으로써 획득되는 것이라는 사실이다. 즉, 자연히 획득되는 것이 아니라, 노력함으로써 얻어지는 것이다. 비즈니스 능력이란 번듯하게 말을 잘해서 물건이나 아이디어를 팔기만 하는 것을 가리키지 않는다. 그것은 사랑, 관심, 주의, 서비스를 타인에게 베풀려는 열망에서 비롯되는 것이다. 먼저 해야 할 일은 반드시 먼저 하지 않으면 안 된다. 무엇인가를 얻기 위해서는 먼저 자기 쪽에서 주지 않으면 안 되는 것이다.

상대방의 반대에는 이렇게 대처한다

사람들은 자기 생각을 말할 때 가끔씩 상대방의 반대 의견에 부딪힌다. 왜 이런 일이 벌어지는 것일까? 상대방은 말하는 사람의 생각에 동의하려면 자신이 가진 생각을 많이 고쳐야 한다는 사실을 알게 된다. 그러나 그의 마음 한쪽에는 자기 생각을 바꾸거나 버리고 싶지 않은 욕구가 크게 자리 잡고 있다. 따라서 말하는 사람이 이치에 맞는 말을 했다고 느껴질수록 자기 생각을 바꿔야 한다는 강박관념이 자신도 모르게 생기는 것이다. 그런데 이것은 때때로 말하는 사람의 생각에 '반대' 하는 형태로 표현되기도 한다. 또한 자기 생각을 극복하려는 의지를 크게 가질수록 반대는 더욱 격렬해지는 양상을 보인다.

1 반대는 관심의 또 다른 표현이다

말하는 사람이 제시한 의견에 크든 작든 상대방이 반대하고 나서는 것은 무엇을 의미할까? 먼저 상대방이 그 의견에 관심을 갖기 시작했다는 것을 뜻한다. 또한 상대방을 설득할 수 있는 기회가 생겼음을 의미하기도 한다. 즉, 그가 말하는 사람의 생각에 조금씩 호응하고 있다고 판단해도 괜찮다는 것이다.

예를 들어, A가 B에게 1년에 한 번씩은 종합건강진단을 받으라고 권한다. B는 고개를 끄덕이면서 A의 말에 동의한다는 표시를 하고 있다. 그러나 B는 건강진단을 받으러 병원에 안 갈지도 모른다. 병원에 가는 일을 B의 마음이 반대할 수도 있기 때문이다. B는 진단 결과가 나쁘게 나올까 봐 두려워하는 것인지도 모른다. 아니면, 건강이 안 좋아질 경우 어떤 통증이나 징후가 나타날 것이므로 아직은 걱정할 필요가 없다고 생각할 수도 있다. 어쩌면 B는 병원에서 여러 검사를 받아야 한다는 것 자체가 귀찮아 차일피일 미루고 있는지도 모른다. 아니면, 병원에 갈 경우 버려지는 시간과 돈이 아까울 수도 있다.

아무튼 B는 A뿐 아니라 다른 사람들이 1년에 한 번씩은 종합건강진단을 받을 필요가 있다고 말할 때마다 찬성한다. 그리고 이치에 맞게 행동하려면 B는 병원에 가서 건강진단을 받아야 한다. 하지만 B는 다른 사람과 더 이상 논쟁을 벌이고 싶지 않다. B는 자기 마음을 숨기기 위해 그들의 말에 동의하는 척할 뿐이다. 그리고 시간이 나면 바로 병원에 가겠다고 거짓말도 한다. 그는 빨리 난처한 입장에서 벗어날 수 있길 바랄 뿐이다. 그런데 B의 이런 태도는 A 또는 다른 사람들이 그를 설득할 수 없게 만드는 요인이 된다.

만일 B가 A나 다른 여러 사람의 말에 반대했다면 훨씬 쉽게 그의 생각을 바꿔놓을 수 있었을 것이다. B가 반대하는 이유는 그의 마음속에 상대방의 말이 옳다고 인정하는 부분이 조금이라도 있기 때문이다. 그뿐 아니라 진찰을 받고 싶어 하지 않는 마음이 상대방의 주장과 맞서 싸우고 있는 것이다. 그는 다른 사람보다 자기 자신을 이해시키기 위해 노력하는 중이다.

쉽게 하는 동의는 다시 한 번 확인하는 습관이 필요하다

대화를 하다 보면 상대방이 너무 쉽게 의견에 동의하는 바람에 당황하는 경우가 생긴다. 특히 상대방을 설득시키기 위해 세심한 주의를 기울이는 대화에서 이런 일이 생기면 말하는 사람은 적잖이 놀랄 수밖에 없다. 그런데 상대방이 생각보다 빨리 찬성했다면 그 진의가 무엇인지 곰곰이 따져볼 필요가 있다. 왜냐하면 상대방은 반대하는 마음을 감추기 위해 찬성하는 척할 수도 있기 때문이다.

그런데 상대방의 찬성이 진실인지, 거짓인지를 알아보려면 어떻게 해야 할까? 무엇보다도 상대방에게서 어떤 계획이나 일을 반드시 할 것이라는 약속을 받아내는 것이다.

앞의 종합건강진단을 예로 들어보자. 만일 B가 A의 의견을 따르겠다고 했다면, A는 B가 진찰을 받으러 갈 날짜까지 말해달라고 요구한다. B가 즉시 구체적인 날짜를 말한다면 A의 설득은 성공한 셈이다. 그러나 B가 우물쭈물하면서 다른 이야기를 꺼낸다면 A는 또다시 B의 마음을 확인해야 한다. "네가 초조해하는 이유는 진짜로 갈 생각이 없기 때문은 아니야?"라고 물어보는 것도 좋은 방법이다. 그러나 이런 방법이 반드시 성공하는 것은 아니다. 상대방은 말하는 사람의 강한 태도에 반감을 느껴 마음의 문을 닫을지도 모른다. 따라서 그때그때 상황에 알맞은 적절한 방법을 사용할 필요가 있다. 그러므로 B에게 충고나 조언을 하는 것으로 마무리 지을 수도 있다.

만일 팀원에게 어떤 지시를 내려야 한다면, 그 팀원이 지시대로 일을 처리할 것인지를 확인해봐야 한다. 더욱이 팀원이 아무 의견도 내지 않은 채 그렇게 따르겠다고 대답했다면 한 번 더 구체적인 약속을 받도록 한다. 즉, 지시 사항을 행동으로 옮기는 시기와 방법을 자세히 설명하도록 요구하는 것이다.

3 마음의 갈등이 더 큰 반대를 부른다

어떤 행동을 하도록 상대방을 설득하는 일은 그에게 무엇인가를 강력하게 호소하는 것과 마찬가지다. 예를 들어, 말하는 사람이 무엇을 호소하기 전에 상대방은 벌써 반대 방향의 목적을 이루기 위해 행동하고 있었다고 가정해보자. 그의 마음은 어떤 변화를 겪을까? 무엇보다도 그의 마음은 양쪽을 모두 다 성취하고 싶은 생각에 갈등을 일으키게 된다. 이때 말하는 사람이 이런 모습을 그냥 지켜보고만 있으면 어떻게 될까? 그럼 상대방은 결정을 못 내린 채 계속 갈등만 거듭하게 한다. 이럴 때 말하는 사람이 선택을 강요한다면, 상대방은 어느 한쪽도 갖지 못하게 될까 봐 불안해하며 갈팡질팡한다. 그리고 말하는 사람의 의견에 반대하기 시작하면서 자기 마음을 흔들어 놓았다는 이유로 화를 낸다. 더욱이 자기주장도 강하게 내세운다. 그리고 마침내 대화를 중단한다.

그의 이러한 태도는 마음속 갈등이 얼마나 큰지를 입증하는 것이다. 이런 불안과 갈등이야말로 말하는 사람의 의견을 따르고 싶다는 그의 바람을 강하게 표현하는 또 하나의 방법이다. 즉, 강한 부정은 강한 긍정을 의미하는 것이다.

회의할 때 상사에게 반대 의견을 내거나 제안을 할 때도 마찬가지다. 만일 당신이 상사에게 이것저것 살피지 않고 의견을 내면 어떻게 될까? 그 상사는 아마도 '건방지게, 내 말에 반대한다는 거야?' '제까짓 게 뭘

안다고 떠드는 거야' 라고 생각할지도 모른다.

이런 감정으로 당신의 의견을 듣는다면 그 상사는 당신의 의견에 찬성할까? 아마도 무슨 핑계를 대서라도 반대하기 쉽다. 그렇다면 상사 앞에서 의견을 낼 때는 어떻게 해야 할까? 이 경우에는 윗사람에게 가르침을 청하는 형식으로 하면 된다.

팀원이 회사의 경영 정책이나 중요 결정 사항 같은 여러 문제에 의견을 낼 때, 상사의 맹렬한 반격을 받는 경우가 있다. 어떤 큰 문제가 팀원 사이에서 거침없이 논의되면 상사는 어쩐지 체면이 깎인 듯한 기분이 들어 감정적으로 반발할 수 있기 때문이다.

이런 종류의 문제에서는 아무렇지도 않은 듯이 상대방의 체면을 세워주면서 가르침을 청하는 형식을 취하는 편이 바람직하다. "말씀을 듣고 보니 이런 의문이 생겼습니다만, 그 점에 대해 생각하시는 방향을 가르쳐주십시오"라는 식으로 의견을 제시하면 상사는 오히려 으쓱해지면서 팀원의 의견에 귀 기울이려고 한다.

이렇게 가르침을 청하는 방법은 자기 의견을 듣게 하는 것 외에 또 하나의 장점이 있다. 즉, 의견의 우세를 떠나 상사에게 '이 친구는 회사 일을 깊이 생각하는군' 이라는 믿음을 심어주어 주목받을 수 있다는 점이다. 상사는 당신에게 호감을 가지고 주목할 뿐 아니라, 친밀감을 느끼며 당신의 의견에 귀 기울인다는 점에서 바람직한 방법이다.

이렇듯 상대방에게 신뢰감을 주고 반대를 불러일으키지 않기 위해서는 '자기를 상대방에게 모두 맡긴다' 는 마음이 필요하다. 즉, 자신을

백지 상태로 보여줌으로써 상대로 하여금 호의를 받아들이게 하는 것
이다. 따라서 말을 할 때 ‘주인공’ 은 늘 상대방이어야 한다. 예를 들어,
“이야기하고 싶은 것이 있습니다”라는 말은 ‘내’ 가 주인공이어서 상대
방의 의지를 무시하는 듯한 느낌이 든다. 이 말을 “들어주셨으면 좋겠
습니다”라고 하면 상대방이 주인공이 되어 오히려 말하는 사람의 인상
을 겸손하게 만든다. 그럼 상대방은 이야기를 들을 마음이 생긴다.

4 반대가 심하면 대화를 잠시 멈춘다

상대방이 마음속으로 갈등하고 있는 것처럼 보인다면 하던 말을 즉시 멈추어야 한다. 만일 말하는 사람이 계속해서 자기주장을 내세우거나 반론을 제기한다면, 상대방의 생각은 더욱 부정적인 방향으로 치닫게 된다. 다시 말해 그는 마음의 갈등을 해결할 방법을 찾지 않을뿐더러, 어느 쪽으로도 결정을 내리지 못한다.

특히 이런 경우에는 상대방에게 선택을 강요해서는 안 된다. 무엇보다도 재빨리 중립적 자세를 취하는 것이 중요하다. 그럼 상대방은 또다시 서로 다른 주장 속에서 갈등을 일으키게 되는데, 이것은 상대방이 말하는 사람의 주장에 다시 한 번 관심을 갖기 시작했다는 의미다. 따라서 말하는 사람은 잠시 상대방을 지켜보도록 한다. 그리고 그가 안정을 찾은 것 같은 순간에 더욱 부드러운 목소리로 천천히 자기주장을 말하기 시작한다. 이 방법은 상대방의 주장을 꺾는 데 매우 효과적이다.

반대가 너무 심할 경우, 대의명분을 사용하는 것도 좋은 방법이다. 사람은 본래 상대방을 믿고 싶어 하는 마음과 믿고 싶지 않은 마음을 동시에 갖고 있으며, 이 두 '마음' 사이를 왔다 갔다 하면서 행동한다. 즉, 신중하고 완고한 사람은 경험에 의해 믿고 싶지 않은 마음이 강해져서 자기 행동을 규제한다. 그렇다고 그들에게 믿고 싶은 마음이 없는 것은 아니다. 오히려 믿고 싶은 마음이 더 강할 수도 있다.

이 같은 무의식의 기대에 부응하기 위해서는 믿는 것이 자기 자신은 물론, 말하는 사람에게도 이득을 안겨준다는 명분을 미리 '준비' 해두는 것이다. 즉, 상대방이 납득할 수 있는 대의명분을 제시하기만 한다면 믿고 싶은 마음이 촉발되어 이야기에 귀 기울이게 된다.

보석이나 모피 등 비싼 상품을 파는 능력이 좋은 점원은 "아름다워지시면 남편께서도 반드시 기뻐하실 것입니다"라는 말로 고객의 마음을 부추긴다. 다시 말해, '내 한 몸을 위해 이렇게 비싼 옷을 사도 될까?' 라고 갈등하는 여성 고객에게 그 갈등을 물리칠 수 있는 명분을 마련해주는 것이다. 즉, 그 옷을 사는 것은 결코 자신을 위해서가 아니라 남편을 위해서라는 대의명분을 제시함으로써 사고 싶은 마음으로 기울게 만드는 것이다. 그래도 고객이 망설인다면 "이 옷은 고객님이 팔 때도 비싸게 팔 수 있기 때문에 재산 가치도 있습니다"라는 새로운 명분을 추가한다. 그럼 망설이던 고객이라도 대부분 사는 쪽으로 마음이 기운다.

이런 수법은 독재자가 즐겨 사용한다. 독재자는 그들의 집권 생명을 유지하기 위해 국민을 탄압하고, 또 자기의 통치 방향으로 국민을 이끌어 가야 한다. 그 수단으로 '나라와 국민을 위해' '세계 평화를 위해' 라는 대의명분을 내세워 국민의 탄압을 정당화하는 것은 물론, 복종을 강요, 또는 회유하는 것이다. 물론 대의명분이 꼭 나쁘게만 이용되는 것은 아니다. 사람이 삶의 가치를 추구하고 실현함에 있어 대의명분은 하나의 지표가 된다. 그것이 없다면 방향 잃은 배처럼 사람은 아무것도 실현할 수 없다. 문제는 그것을 어떻게 이용하느냐에 달려 있다.

5 이치에 안 맞는 반대에는 반대한다

상대방이 반대할 때는 그 내용이 이치에 맞는지를 잘 판단한 뒤 대응할 자세를 갖춰야 한다. 만일 그가 이치에 맞는 반대를 하고 있다면 해결 방법은 간단하다. 먼저 서로의 주장 내용을 비교, 분석, 검토한다. 그리고 이 과정을 통해 드러난 의견 차이가 두 사람이 서로 다른 가치관을 갖고 있기 때문에 생겼는지, 아니면 다른 이유 때문인지를 명확히 알아내면 되는 것이다.

한편, 상대방이 이치에 맞지 않는 반대를 할 경우에는 위의 방법이 아무런 효과가 없다. 이런 반대는 대부분 정확한 사실을 알아내기 위한 것이 아니라, 상대방의 감정에서 비롯한 것이기 때문이다. 즉, 말하는 사람이 진실을 숨긴다고 생각하거나, 자기 자신의 견해를 밝히면 그가 싫어할지도 모른다고 판단해서 반대하는 것이다. 아니면 다른 사람들에게 비난받고 싶지 않기 때문이거나, 개인적으로 말하는 사람을 싫어해서 반대할 수도 있다.

그런데 이런 반대를 처음부터 깨닫지 못하면 공연히 시간 낭비만 하게 된다. 그러므로 이치에 맞지 않는 반대가 어떤 특성을 가지는지 알아둘 필요가 있다.

첫째, 격렬하게 반대한다. 상대방은 자기주장에 대해 자신감이 없을 때 그 감정을 숨기기 위해서 필요 이상의 과장된 태도로 반대한다. 아니

상대방의 마음을 움직이는 대화 습관

면, 자기 분노를 폭발시키는 방법으로, 또는 말하는 사람을 미워하기 때문에 그런 행동을 할 수도 있다.

둘째, 지나치게 완고한 태도를 버리지 않는다. 이는 자기 생각을 바꾸고 싶지 않을 때 흔히 나타나는 태도이다. 그는 자신의 이런 태도를 유지함으로써 어떤 이익을 누리고 싶을지도 모른다.

셋째, 관계없는 말을 한다. 내용과 상관없는 말을 함으로써 말하는 사람의 정신을 흐트러지게 만들려는 의도가 숨어 있다. 아니면, 관계있는 말이 생각나지 않기 때문에 일부러 그런 말을 함으로써 자신의 곤란한 처지를 감추려는 목적도 있을 수 있다.

넷째, 비논리적인 이론을 내세운다. 명확한 이유도 없이 계속 반대만 하는 것은 쓸데없는 고집일 뿐이다. 하지만 상대방은 자신의 그런 입장을 버릴 수 없기 때문에 이치에 맞지 않는 논리를 계속 내세운다. 즉, 자기주장이 무척 중요한 내용이라고 과장하거나 말하는 사람의 주장을 과소평가하기도 한다. 또한 자기만의 추측이나 희망에 불과한 내용을 객관적 사실인 것처럼 말함으로써 좀 더 나은 평가가 내려지기를 원한다.

다섯째, 다른 의견을 제시한다. 상대방이 제시한 주장에 대해 말하는 사람이 그럴듯한 반론을 제기하면, 그는 재빨리 처음 의견은 접어둔 채 다른 의견을 생각해내려고 애쓴다. 이런 태도는 상대방이 말한 첫 주장이 큰 의미가 없다는 것을 뜻한다. 그는 말하는 사람의 반론이 이치에 맞아서 자기의 첫 주장을 거둔 것이 아니라, 특별한 관심이 없기 때문에 그만둘 수밖에 없었던 것이다.

이와 같은 반대에 부딪혔을 때는 아예 설득을 포기하는 것이 좋을지도 모른다. 그러나 무엇보다도 이런 반대에 부딪히지 않도록 미리 생각을 해두는 것이 중요하다.

어느 기업의 한 팀장은 자기 팀에 "질문해도 좋습니까?"라고 말하는 팀원이 있다고 한다. 그 질문이라는 것이 대부분 팀장의 의견에 대한 반론이라고 한다. 그래서 질문이 시작되면 또 시작인가라는 생각이 들지만, 질문을 받아줘야 한다는 것이다.

이렇듯 반론을 질문 형식으로 제기하는 것은 의견을 무시당하지 않는 하나의 방법이자, 반대를 위한 반대에 직면하지 않는 방법이다. 질문으로 상대방에게 가르침을 청하는 자세를 보여 상대방의 자존심을 세워준다면 상대방의 반발은 약해질 뿐 아니라, 건방진 느낌도 주지 않아 의외로 쉽게 문제를 해결할 수 있다.

6 비논리적인 반대에 대응하는 방법

상대방이 이치에 맞지 않는 반대를 하는 이유는 무엇일까? 아쉽게도 그 이유를 아는 사람은 아무도 없다. 그러나 이런 사람들의 특징은 논리적인 대화를 전혀 받아들이지 않는다는 것이다. 말하는 사람이 타당한 근거에 의해 논리를 내세워 아무리 조리 있게 설명해도 상대방은 결코 마음을 움직이지 않는다. 따라서 이치에 맞지 않는 반대에 부딪혔을 때는 다른 적절한 방법을 찾아 문제를 풀어나가야 한다. 이제부터 그 방법을 살펴보도록 하자.

첫째, 이해하고 있다는 태도를 보인다. 이치에 맞지 않는 말이나 행동은 사람의 심리적인 충동에 의해 발생한다. 즉, 자기의 충동을 억제해야 할 뿐 아니라, 그 충동을 사회에서 도덕적이라고 인정한 방법으로 표현해야 한다는 무언의 약속을 망각하고 있기 때문에 이런 태도를 보이는 것이다. 다시 말해, 해도 좋은 일, 해야 할 일, 해서는 안 될 일을 그의 이성이 제대로 가르쳐주지 못하고 있는 것이다.

이런 사람과 대면하면 가장 먼저 상대방의 의견이나 주장을 모두 받아들이겠다고 말한다. 이때 받아들인다는 것은 상대방의 주장을 막연하게 들어준다거나 무조건 찬성하겠다는 뜻이 아니다. 이는 그의 기분을 이해하며, 반드시 말하는 사람의 주장을 따르지 않아도 괜찮다고 인정하는 것을 의미한다. 즉, 말하는 사람은 자기 생각을 주장할 뿐이며,

선택은 상대방이 하는 것이라며 맡기는 것이다.

한편, 상대방의 생각을 받아들이는 일은 그의 논리적 입장이나 내면적 충동까지 모두 이해한다는 뜻이다. 만일 상대방의 말이 조금 이치에 맞지 않는다고 해보자. 그럴 때 말하는 사람이 그것은 누구나 저지를 수 있는 보편적이면서도 하찮은 실수라고 말해준다. 그럼 자신의 실수 때문에 초조해하던 상대방은 편안한 마음을 갖게 되고 속마음까지도 보여주게 된다. 자기 생각이나 입장을 이해해주는 사람에게는 기꺼이 협조하겠다는 생각을 가질 것이다.

예를 들어, 어떤 이유로 화가 난 사원 A씨가 팀장의 방에 들어가 "아니 이러실 수 있습니까? 조금 전에 알았는데, 저와 함께 입사한 B씨가 저보다 연봉이 많다면서요? 저는 도대체 뭡니까?"라고 따졌다. A씨는 B씨가 무슨 이유로 자기보다 월급을 많이 받는지를 팀장에게 묻지 않았다. 따라서 A씨의 항의 방법은 이치에 맞지 않는다고 할 수 있다. 회사 나름대로 이유가 있어서 B씨의 월급이 더 많을 텐데도, A씨는 그 점을 검토조차 하려고 들지 않는다.

팀장은 A씨와 B씨의 월급이 다른 이유를 설명하기에 앞서 A씨의 분노를 풀어주기 위해 부드러운 말투로 "나 같아도 같이 입사한 동료가 월급을 많이 받는다면 화가 날 거야. 자네는 월급을 적게 받으면서 일은 더 많이 하고 있다고 생각하지. 안 그런가?"라고 말한다. 팀장이 친절하게 나오자 A씨는 팀장이 자신을 이해하고 받아들여 준다고 생각해 화난 감정이 풀렸으며, 팀장이 자신에게 상처를 입힐 의도가 없다고 판단했다. 그래서 A씨는 어느 정도 안정을 되찾고 차분하게 "그렇습니다. B씨와 저는 같은 일을 하고 있으니 당연히 월급도 같아야 하는데, 왜 제 월급이 B씨보다 적은가요?"라고 물었다. 이런 질문 형식은 팀장의 설명을 듣겠다는 태도를 보이는 것이다. 이때 팀장이 이유를 설명해주거나 그 사실을 조사해보겠다고 약속한다면 A씨는 이의 없이 받아들일 것이다.

이처럼 상대방의 반대에 부딪혔을 경우에는 먼저 그 문제 때문에 생긴 상대방의 감정이나 태도가 당연한 것이라고 인정해준다. 사람의 감정이란 받아들이고 이해하지 않으면 더 나쁜 결과를 초래할 수도 있다는 점을 기억해야 한다.

둘째, 상대방으로 하여금 자신이 반대하고 있다는 사실을 깨닫도록 유도한다. 사람은 때때로 자신의 태도가 어떤 문제에 반대하는 마음을 고스란히 표현하고 있다는 사실을 깨닫지 못한다. 그래서 다른 사람의 의견, 감정을 받아들이거나 반응하려고 노력하지 않는 것이다.

비즈니스맨과 중소기업 사장이 상담하는 장면을 예로 들어 보자. 비즈니스맨이 상품에 대해 여러 가지를 설명하고 있다. 그런데 중소기업 사장은 한 마디 말도 하지 않을 뿐 아니라, 다른 반응도 거의 보이지 않고 있다. 그 사장이 비즈니스맨에게 자신의 불만스러운 감정을 노골적으로 나타내지는 않았지만, 비즈니스맨은 더 이상 상담을 진행하고 싶지가 않았다. 그런 태도는 상품 구입 권유를 받아들이지 않겠다는 의사를 간접적으로 드러내는 셈이기 때문이다. 이처럼 언짢은 감정을 갖고 있는 사장의 기분을 풀어주고 주의력을 새롭게 환기시키려면 비즈니스맨은 어떻게 해야 할까? 다음처럼 한마디를 슬쩍 덧붙이면 효과가 즉시 나타난다.

"박 사장님, 저희 회사 상품에 대해 이야기를 나누고 싶지 않으신 것 같은데요. 혹시 저희가 기분을 상하게 한 일이라도 있습니까?"

이렇게 자신의 감정에 관심을 갖고 말을 걸어오는 비즈니스맨에게 화를 낼 고객은 없다. 오히려 비즈니스맨의 이런 세심한 말은 고객 스스로 자신의 비협조적인 태도를 깨닫게 만든다. 또한 고객이 무엇 때문에 비협조적인 태도를 보이는지에 대해 설명하도록 유도하는 구실을 한다.

셋째, 반대 의견을 검토한다. 상대방이 반대하는 이유를 밝히지 않는다면 이쪽에서 먼저 "반대하는 까닭을 좀 더 자세히 말씀해주십시오"라고 말한다.

말하는 사람은 상대방이 자신의 반대 의견을 이치에 맞는 말로 스스로 정확히 표현하기 전까지는 자기 생각을 내세우지 않도록 한다. 여기에서 결정적인 효과를 원한다면, 이쪽의 주장과 상대방의 반대 의견을 비교해 어느 쪽이 더 이치에 맞는지를 납득시켜야 한다. 만일 말하는 사람이 상대방의 말을 주의 깊게 듣지 않고 자기주장만 되풀이한다면, 상대방의 생각을 바꾸는 데 실패한 것이다.

예를 들어, 한 비즈니스맨이 슈퍼마켓 사장에게 새로 나온 상품을 설명하면서 들여놓을 것을 권하고 있다. 그런데 슈퍼마켓 사장은 창고에 재고가 가득 쌓여 있다며 거절한다. 이럴 때는 비즈니스맨이 그 상품을 팔면 어느 정도의 이익이 남는다고 몇 번씩 설명해도 소용없다. 그 사장의 마음속에서 재고에 대한 걱정이 사라지지 않는 한 사장은 비즈니스맨의 요구를 계속 거절하고 만다. 그러므로 비즈니스맨은 태도를 바꾸어야 한다. 즉, 슈퍼마켓 사장이 말하는 '재고가 많이 쌓여 있다'는 말의 깊은 뜻을 파악하기 위해 노력해야 하는 것이다. 더 이상 재고가 늘어나는 것을 허용할 수 없다는 뜻일까? 아니면, 비즈니스맨 회사의 상품에 불만을 갖고 있다는 것일까? 그것도 아니면, 정말 그의 말대로 창고 가득히 재고가 쌓여 있는 것일까?

아무튼 여러 이유 때문에 슈퍼마켓 사장은 "정말 귀찮아 죽겠어. 늘 재고가 쌓이도록 물건을 받게 하니 우리만 골탕 먹잖아"라며 짜증을 내고 있다. 이때 비즈니스맨은 그 사장의 말을 막지 않도록 주의한다. 사장이 말을 계속함으로써 스트레스를 마음껏 발산할 수 있도록 기다리는 것이다. 그럼 사장은 자신도 느끼지 못한 사이에 비즈니스맨의 요청을 거절한 원인을 밝히게 되고, 더 이상 짜증도 부리지 않는다. 드디어 사장은 새로운 상품을 구입할 것인지를 따져보고 결정을 내리게 된다.

9

상대방을
설득하는 기술

사람은 생각과 감정을 갖고 행동한다. 그리고 행동은 일상생활을 하면서 받게 되는 내적, 외적 자극들에 대한 반응으로 나타난다.

비즈니스맨과 고객의 관계를 한 번 생각해보자. 고객이 받는 외적 자극에는 비즈니스맨의 모습과 태도, 상품 정보 등이 있다. 내적 자극으로는 숨기려고 애쓰지만 어쩔 수 없이 드러나는 초조, 희망, 불안 등을 들 수 있다. 그리고 같은 사람으로서 비즈니스맨에게 느끼는 감정과 비즈니스맨에게 설명을 들은 뒤 마음속에서 물건을 사고 싶다는 욕구가 생기는 것도 내적 자극에 포함된다. 이처럼 비즈니스맨이 주고 있는 내적, 외적 자극들은 고객이 보일 반응을 결정하는 데 중요한 영향을 끼친다. 그러므로 고객의 행동은 그의 마음속에서 일어나는 여러 반응들이 한데 뭉쳐진 것이라고 할 수 있다.

1 세일즈는 설득하는 일에서부터 출발한다

비즈니스맨의 임무는 고객의 마음을 움직여 자기 회사 상품을 사도록 만드는 것이다. 그렇게 하려면 비즈니스맨은 세일즈에 필요한 방법을 총동원해서라도 고객의 부정적인 태도가 바뀔 수 있도록 노력해야 한다.

좋은 방법으로는 먼저 상품의 장단점을 하나씩 차분히 설명하고 사용법도 직접 보여주는 것이다. 이는 상품에 대한 고객의 호감도를 높이는 데 큰 도움이 된다. 다른 회사의 제품과 비교해 우수한 점이 더 많다는 사실도 강조한다. 그런데 비즈니스맨이 고객의 구매 욕구를 자극하는 데 지나치게 욕심을 부릴 경우 고객에게 상품을 억지로 떠넘기려는 듯한 인상을 풍기기 쉽다. 이는 매우 위험한 방법이다. 고객은 상품을 사고 싶은 마음이 생기다가도 비즈니스맨의 과장된 태도 때문에 주춤거리며 상품의 품질을 의심할 수 있다. 이런 상태에서 상품을 사겠다고 결심하는 고객은 거의 없다. 따라서 비즈니스맨은 고객이 스스로 상품을 사야겠다고 결정하는 데 도움을 주었다는 느낌 정도로만 차분하게 상담해야 한다.

어떤 비즈니스맨이 고객의 마음을 읽을 수 있는 예민한 감각을 지녔다고 해보자. 이 비즈니스맨의 판매 실적은 회사에서 가장 높을 수 있다. 하지만 비즈니스맨에게 필요한 가장 중요한 자질은 고객을 설득하고야 말겠다는 끈질긴 인내와 집념이다. 이것은 무엇과도 바꿀 수 없는 자기만의 자산이다.

고객을 설득하기 위해서는 무엇보다도 첫 대면에서부터 좋은 인상을 심어주어야 한다. 그 방법 가운데 하나가 상대방의 이름을 자주 불러 친밀감을 높이는 것이다. 예를 들어 "김현중 고객님, 커피 드시겠습니까?" "허영생 님, 이런 점은 어떻습니까?"라고 이름을 자주 부른다. 그럼 처음 만나는 상대라도 왠지 친밀감이 생기고 오랫동안 알고 있던 사이처럼 느껴진다. 자기를 인정해주고 있다는 기분이 들기 때문일 것이다.

또한 고객 관리 차원에서 고객의 결혼기념일, 생일 같은 '특별한 날'을 기억해두면 좋다. 즉, 고객의 결혼기념일과 생일을 티가 나지 않게 물어 기록해두었다가 그날이 오면 "오늘은……"이라고 전화를 걸거나 문자 또는 이메일을 보낸다. 이런 단순한 수고로 상대방은 비즈니스맨에게 좋은 인상을 받게 된다. 본인도 잊기 쉬운 '특별한 날'을 누군가가 신경 써준다는 것이 고맙기 때문이다.

이때 가장 효과가 좋은 것은 손으로 직접 쓴 편지다. 편지는 전화보다 수고가 더 드는 데다, 쓴 사람의 마음이 그대로 전달되고 시간이 흘러도 남기 때문에 몇 번이고 읽을 수 있다. 그러므로 훨씬 강한 인상을 남기게 된다. 또한 편지는 시각적 효과도 함께 가져온다. 즉, 쓴 사람의 모습이나 어디에서 썼는지 등 여러 이미지가 중첩되어 남는 것이다.

2 목적을 갖고 시작한 대화는 곧 설득의 과정이다

설득이라는 낱말의 뜻을 사전에서는 '상대편이 이쪽 편의 이야기를 따르도록 여러 가지로 깨우쳐 말함' 이라고 정의하고 있다. 이 말을 쉽게 풀이하면, 설득이란 어떤 문제에 대해 이야기를 나누면서 상대방으로 하여금 생각이나 느낌이 들도록 만들고, 마침내 이쪽에서 원하는 행동을 하도록 유도하는 것이다.

그러므로 사람들은 대화를 하면서 상대방을 설득하기도 하고 설득당하기도 한다. 즉, 어느 쪽이든 목적을 갖고 대화를 시작했다면 그 속에는 설득하려는 힘이 들어 있다고 할 수 있다. 몇 가지 예를 들어보자.

부모가 자식들에게 예의 바른 생활을 하라고 타이른다. 회사에서 상사가 사원에게 일을 좀 더 꼼꼼하게 처리하라고 지시한다. 의사는 환자에게 처방을 내린 대로 약을 복용해야 병이 빨리 낫는다고 말한다. 변호사는 피고가 잘못을 저지를 수밖에 없었던 이유를 설명한다. 서로 사랑하는 남녀는 상대방의 마음을 붙잡아두기 위해 달콤한 말을 속삭인다.

이런 말들은 상황에 따라 다른 표현 방법들로 상대방에게 전달될 것이다. 그러나 목적은 모두 똑같다고 할 수 있다. 이들은 상대방의 행동을 자신이 원하는 방향으로 이끌어내기 위해 그의 마음을 설득하고 있는 것이다.

그렇다면 상대방을 더욱 효과적으로 설득하기 위해서는 어떤 방법을 사용하는 것이 좋을까?

첫째, 상대방이 말하는 쪽의 의견을 부담 없이 받아들일 수 있도록 분위기를 조성한다. 사람은 보통 자신을 설득하려고 하는 말에 귀 기울이고 싶어 하지 않는다. 특히 다른 사람의 의견을 받아들이기 위해 그동안 자신이 갖고 있던 느낌, 성격, 가치관 등의 많은 부분을 고치거나 버려야 한다는 것은 충격이 아닐 수 없다. 따라서 상대방은 더 이상 대화하려고 들지 않을 것이다. 그러니 상대방을 설득하고 싶다면 먼저 그가 의견을 자연스럽게 받아들일 수 있는 분위기를 조성하라.

둘째, 말하는 사람의 의견에 상대방이 질문을 던질 수 있도록 여운을 남긴다. 상대방이 의견을 받아들이기 시작했다는 반응은 여러 형태로 나타난다. 그중 하나는 궁금한 점을 질문한다든지, 그것에 대해 더 알고 싶다고 표현하는 것이다. 이런 반응이 나타나면 어느 정도 설득 가능성이 있다는 뜻이다.

다음의 예들은 상대방이 말하는 사람의 의견을 받아들일 준비가 되어 있어 태도가 좋은 경우와 그렇지 못해 태도가 나쁜 경우이다. 이 태도에 따라 설득 가능성을 예측할 수도 있다.

〈고객이 비즈니스맨에게〉

좋은 태도 : 다른 회사에서는 더 싸게 살 수 있는데, 당신 회사에서는 왜 이렇게 비싸게 파는 거지요?

나쁜 태도 : 이 물건은 너무 비싸요.

〈초등학생이 부모에게〉

좋은 태도 : 이 과목은 공부를 열심히 했는데도 성적이 떨어졌어요. 아무리 생각해도 그 이유를 잘 모르겠어요.

나쁜 태도 : 10등 안에 들 수 있었는데 다른 애들이 커닝을 하는 바람에 등수가 떨어졌어요.

〈비즈니스맨이 영업팀장에게〉

좋은 태도 : 고객에게 상품을 한마디로 설명하는 게 너무 어려워요.

나쁜 태도 : 고객에게 상품을 어떻게 설명해야 할지 모르겠어요.

이 예들을 통해 알 수 있듯이, 단적인 표현으로 말을 끝내면 대화를 풀어나가기가 어려워진다. 따라서 상대방을 설득하려면 그가 더 많은 질문을 할 수 있도록 도와주어야 한다.

셋째, 상대방의 생각이 정리될 때까지 기다린다. 상대방은 때때로 말하는 사람의 의견과 반대되는 의견을 주장하기도 한다. 또는 이치에 맞지 않는 의견을 내놓음으로써 말하는 사람을 당황스럽게 만들기도 한다. 이런 현상들은 상대방이 말하는 사람의 이야기를 정확히 듣지 않았거나 처음부터 그 의견을 인정하기 싫어 하는 마음에서 비롯한다.

아무튼 상대방은 말하는 사람의 의견을 나름대로 검토한 후 자기 입장을 정리해 태도로 표현한다. 따라서 상대방을 억지로 이쪽의 의견이나 주장으로 유도하기 위해 애쓸 필요가 없다. 그것보다 오히려 말하는 사람 쪽에서 상대방의 생각에 접근할 수 있는 방법을 찾아야 한다. 절대로 자기 능력만 믿고 서두르지 않도록 주의한다.

　　넷째, 상대방의 약점을 파악한다. 상대방을 설득하려면 그의 태도를 오랫동안 관찰할 필요가 있다. 그 결과 별다른 약점이 보이지 않는다면, 그를 설득하려는 계획은 그만두는 것이 좋다. 그는 이쪽보다 장점이 많은 사람일 수도 있다.

　　만일 상대방의 약점을 찾았다면 지나가는 말처럼 툭 던져본다. 그럼 오히려 상대방이 그 점을 고치기 위해 어떻게 하면 좋겠느냐고 물어올 것이다. 바로 이때 말하는 사람은 마음 놓고 자기주장을 표현하면 된다. 그럼 상대방은 주의 깊게 듣고 긍정적인 반응을 보인다.

　　예를 들어, 간호사가 환자에게 산책이 필요하다고 설득하고 있다. 간호사는 산책의 효과에 대해 지루하게 설명하기보다 환자가 흥미를 느낄 수 있도록 환자의 사례에 빗대어 설명하고 있는 중이다. 환자는 드디어 간호사의 충고를 받아들여 산책을 하러 밖으로 나간다. 간호사는 환자를 설득하는 데 성공한 것이다.

"얼굴이 푸석푸석하신 것 같아요."

"밤새 한잠도 못 잤거든요."

"아니, 한숨도 못 주무셨어요?"

"옆 사람 코 고는 소리가 얼마나 크던지……. 또 잠꼬대는 왜 그리 해대는지……. 너무 시끄러워서 도무지 잘 수가 없었어요"

"피곤하시겠네요! 하지만 잠자기 위해 노력해보지 그러셨어요?"

"어떻게요?"

"예를 들어, 맨손체조를 한다거나 뜰을 산책하면 혈액순환이 잘 돼
서 잠이 잘 오거든요. 신경이 예민해져서 잠이 안 올 때는 이런 방법
도 많은 도움이 돼요."

"왜 그 생각을 못했을까요? 오늘 밤에는 30분 정도 산책을 하고 가
벼운 운동도 해야겠네요."

이쪽의 의견에 따라와 달라고 설득할 때 논리적인 말을 많이 쓸 필요
는 없다. 또한 상대방의 태도를 미리 예측하는 것도 위험하다. 그것은
상대방의 기분을 나쁘게 만들거나 난처한 입장에 빠뜨리기 때문에 그
의 마음을 움직이는 일에 도움이 되지 않는다. 차라리 이 방법보다는 상
대방이 자기 입장을 변호하는 말을 늘어놓을 때 반론을 펴지 않고 들어
주는 편이 더 좋다. 그리고 상대방이 말을 마치면 이쪽의 의견을 이치에
맞게 설명한다. 그럼 상대방은 이쪽의 생각이 더 바람직하다고 여기며,
행동으로 직접 나타낸다.

또 하나의 예를 들어 보자. 팀장이 팀원에게 어떤 일을 처리할 때 다
른 방법을 써보라고 권하고 있다. 팀장은 부드러운 태도로 말하고 있으
며, 팀원은 자신이 현재 쓰는 방법이 더 낫다는 생각을 굽히지 않는다.
다른 팀장이었다면 자기가 제시한 방법대로 일을 처리하라고 윽박질렀

을 수도 있다. 그러나 이 팀장은 사원에게 왜 그의 방법이 더 능률적이라고 생각하는지 이유를 설명해달라고 요청했다. 두 사람은 새로운 방법이 더 효과적이라는 점을 알고 있었다. 그러나 팀장은 강요하는 태도를 보이지 않았다. 팀원은 자기 고집을 버리지 못해 이치에 맞지 않는 논리를 펴면서 변명하는 데 급급하고, 팀장은 그의 말이 끝나기를 조용히 기다렸다. 그리고 팀원의 주장을 하나하나 검토하고 지적했다.

이처럼 팀원의 주장이 틀렸다고 직접 말하는 것보다 그의 이야기를 끝까지 들어주고 그 이야기에 대해 함께 대화하는 것이 훨씬 효과적이다. 그 결과 팀원은 자기 생각이 잘못됐음을 솔직히 인정하고, 마침내 그는 팀장이 제시한 방법을 써보겠다고 약속했다.

상대방의 마음을 움직이는 대화 습관

3 설득하고 싶을 때는 조언을 한다

어떤 사람은 상대방이 부탁하지 않았는데도 조언을 한다. 그는 왜 이런 일을 하는 것일까? 그는 상대방의 마음을 설득하고 싶다는 목적을 갖고 있기 때문이다. 그런데 그는 상대방에게 도움을 주기 위해 자기 생각을 말하는 것뿐이라고 주장한다. 자기 행위가 옳다고 정당화하고 싶은 것이다. 그렇다면 과연 그가 하는 조언이 상대방을 설득할 수 있을까?

이 방법이 성공할 수 있다고 말하기는 어렵다. 왜냐하면 말하는 사람 스스로 목적을 분명히 밝히지 못함으로써 애매모호한 태도를 취하기 때문이다. 즉, 상대방을 설득하려는 의지 없이 충고로만 목표를 이룰 수 있다고 막연하게 믿는 한 실패 확률은 매우 높다. 그러므로 부탁받지 않은 조언을 할 때는 자신의 목적이 '설득'이라는 점을 솔직하게 인정하는 태도를 보여야 한다. 말하는 사람이 설득하려는 자세를 갖추면 상대방도 대부분 그것을 받아들이려는 준비를 하게 되므로 여러 면에서 효과적이다.

상대방의 부탁을 받지 않았는데도 조언을 하고 싶다면, 먼저 상대방에게 이것저것 말을 건네야 한다. 상대방의 이야기를 들으면 그의 처지와 생각을 쉽게 파악할 수 있다. 이때 상대방이 자신의 능력에 대해 회의적인 말을 하거나 도움을 청할 때까지 끈기 있게 기다려야 한다. 조언은 상대방이 필요로 하면 할수록 효과가 크게 나타나기 때문이다. 이와 더불어 말하는 사람은 자기의 조언을 따르면 어떤 이익이 있는지를 알려줄 필요가 있다.

타인의 조언을 쉽게 받아들이는 사람이 있는 반면, 그렇지 않은 사람도 많다. 그런데 조언을 듣고 불쾌해하는 사람들은 자신의 일을 스스로 결정할 수 있다는 것을 보여주기 위해 조급해하는 버릇이 있다. 이처럼 자의식이 강해서 자기 입장을 분명히 밝히고 싶어 하는 사람을 설득하기 위한 방법은 한 가지다. 그가 하는 행동에 대해 '옳다' '나쁘다' 같은 평가를 내리지 않는 것이다. 말하는 사람은 단지 중립적인 자세를 보이거나 무관심한 듯 태연한 표정을 지어 보여야 한다. 때로는 확인된 사실을 그에게 제시하고 그의 의견을 물어볼 필요는 있다. 상대방의 태도나 주장이 자신과 다르더라도 함부로 표현하지 않도록 한다. 그리고 시간이 지난 후 상대방에게 정보를 한 번 더 제공한다. 그는 정보의 내용을 자세히 검토해볼 필요가 있다고 생각할 것이다. 물론 이때도 중립적인 태도를 취해야 한다.

앞에서도 언급했듯이, 부탁받지 않고 하는 조언은 조언이 아니라 설득이다. 이것은 상대방의 마음이나 행동이 말하는 사람의 생각처럼 움직여주기를 바라는 마음에서 강요하는 것이나 마찬가지다. 이런 시도가 때로는 효과를 높여주기도 한다.

결론부터 말하자면, 상대방의 기분을 북돋아주는 것도 설득의 한 방법이다. 기분을 북돋아주는 것은 상대방의 마음속에 있는 불안이나 우울함 등을 없애주기 위한 행위이다. 즉, 겉으로는 명랑하고 활기 넘쳐 보이는 사람이라도 마음속에는 갖가지 걱정거리가 쌓여 있을 수 있다. 이런 것들 때문에 그는 불안을 느끼거나 우울해지기도 한다.

그런데 사람은 마음속에 쌓여가는 불안과 우울함이 깊어질수록 그것들을 밖으로 드러내고 싶어 한다. 즉, 다른 사람에게 불안과 우울함의 원인을 솔직하게 말하면 스트레스가 자연히 풀리는 것이다. 더욱이 기운 내라는 격려의 말을 듣게 되면 그의 마음은 한결 편안해져서 새로운 의욕이 생기기도 한다.

자신의 불안한 마음이나 우울한 감정을 털어놓는 상대방에게는 말을 많이 할 수 있도록 편안하게 대해주는 것이 중요하다. 다른 말을 더 해보라고 부추길 수도 있다. 가슴을 짓누르던 말들을 모두 쏟아낸 뒤에는 그의 마음이 한결 차분해져 있을 것이다. 이때부터 "앞으로 나아질 거야" "너는 결코 이기주의자가 아니야" 같은 격려의 말을 해도 늦지 않다. 그런 말을 들으면서 상대방은 자신의 문제를 다시 한 번 검토해볼 수 있는 마음의 여유를 갖게 된다. 또한 똑같은 문제라도 다른 각도에서 바라보면 해결 방법을 찾을 수 있다는 사실을 깨닫게 해준다.

제2장

청중을 사로잡는 연설

연설도 효과적으로 할 수 있다

사람이 두 명 이상 모인 단체와 대화를 나누는 일은 무척 어렵다. 그래서 어떤 사람은 단체를 상대할 때 사용할 수 있는 특별한 대화 기술이 있다고 믿는다. 그러나 그때를 위해 만들어진 일정한 대화 기술이나 방법은 없다. 단체를 상대할 때도 한 사람과 대화를 나눌 때 사용하는 대화 기술을 응용하면 된다.

1 의사 전달을 방해하는 요인들

단체는 아무래도 주의가 산만해지기 쉽다. 그들 모두가 나름대로의 생각과 관심에 빠져 있기 때문이다. 또한 단체는 말하는 사람이 이야기를 이어가는 것조차 방해하기 시작할 것이다. 따라서 말하는 사람은 자신의 목적을 이루기 위해 평소보다 몇 배의 시간과 노력을 기울이게 된다.

그렇다면 단체와 나누는 대화의 특성에 대해 몇 가지 알아보자. 그리고 그것이 어떻게 대화를 방해하는지 검토해보자.

첫째, 청중이 더욱 다양한 관심을 표현해온다. 그들은 시간이 흘러 분위기에 익숙해지면 자신의 왕성한 호기심을 충족시키기 위해 여러 질문을 던지기 시작한다. 그런데 단체를 혼자 상대해야 하는 사람은 그들의 질문에 만족할 만한 대답을 전부 해줄 수는 없다. 질문할 때 갖고 있는 그들 각자의 심리 상태와 의도를 정확히 파악할 수 없기 때문이다. 한편, 그들은 말하는 사람이 알맞은 답변을 마련할 때까지 기다리지 못한다. 더욱이 타인이 하는 질문 내용에 관심이 없는 청중은 말하는 사람의 답변에 귀 기울이지 않는다. 그래서 분위기가 소란스러워진다.

둘째, 어떤 사람은 느닷없이 대화 내용과 관계없는 자기 의견을 말한다. 그때 대화에 집중하고 있던 청중은 적잖이 당황하게 된다. 그가 곧 입을 다물지 않거나 말하는 사람이 재빨리 그의 말에 적절한 대응을 하지 않으면 분위기는 흐트러질 수밖에 없다. 청중은 마치 이 순간을 기다려온 것처럼 자신의 관심거리에 재빨리 몰입할 것이다.

셋째, 두 사람이 대화할 때보다 주의력이 떨어진다. 이런 현상은 말하는 사람이 무슨 말을 했는지 놓친다고 해도 옆 사람에게 물어보면 알 수 있다고 생각하기 때문에 나타난다. 또한 그들은 말하는 사람이 질문을 던지면 굳이 자기가 대답하지 않아도 다른 이들이 대답할 것이라고 생각한다. 즉, 그들 스스로 대화 주체가 될 의무가 없다고 생각하는 것이다. 그래서 청중의 한 사람으로서 자리를 지키고 앉아 시간이 흘러가기를 기다리고 있을 뿐이다. 그러한 만큼 한 사람과 대화를 나눌 때처럼 높은 주의력을 기대할 수는 없다.

넷째, 적극적으로 대화하려고 노력하지 않는다. 청중은 말하는 사람의 이야기를 일방적으로 듣고 있으므로 중요한 말이 나와도 특별한 흥미를 느끼지 못한다. 이런 사람들을 더욱 적극적으로 대화에 참여시키려면 지금 무슨 이야기를 했는지 가끔 확인할 필요가 있다. 이 방법을 적절히 사용하지 않으면 그들은 건성으로 이야기를 듣게 되고, 대화는 더 이상 진척되지 않는다.

다섯째, 청중은 일방적으로 듣는 위치에 있기 때문에 스트레스를 느낀다. 이와 같은 불만이 쌓일수록 그것을 밖으로 터뜨리고 싶다는 욕구도 커진다. 그래서 그들의 주의력은 약해지는 것이다.

여섯째, 청중은 말하고 싶은 마음을 자제하기도 하고, 한편으로는 말하고 싶다는 충동을 이기지 못하기도 한다. 쉽게 설명하면, 전자는 자기 의견을 청중 앞에서 발표하는 일을 몹시 주저한다. 그들은 자기 의견을 들은 사람들이 어떤 평가를 내릴지 걱정하는 마음이 앞서기 때문이다. 후자는 청중 앞에서 멋지게 한 번 말함으로써 그들의 머릿속에 깊은 인상을 남기겠다는 욕심이 그 원인이다.

이처럼 청중을 상대로 말할 때는 한 사람과 대화할 때처럼 무엇인가를 빨리 이루지는 못한다. 오히려 그것은 불가능한 일일 수도 있다. 그러므로 어떤 방법을 동원하더라도 말하는 사람의 의견을 단체에 고스란히 전달하는 일에는 한계가 있음을 솔직히 인정하자. 그리고 처음부터 너무 높은 목표를 세워놓고 그것을 한 번에 이루기 위해 지나치게 애쓰지 말자.

2 상대방의 심리 상태를 파악하는 방법

단체와의 대화를 더욱 능률적으로 이끌기 위해 먼저 청중의 심리 상태를 쉽게 파악할 수 있는 방법들을 살펴보자.

첫째, 청중에게 당신이 세운 목표를 분명히 밝힌다. 즉, 자신이 하고 싶은 이야기를 요점만 간추려 정확히 알린다. 이것은 상대방의 호기심을 자극해 말하는 사람에게 집중하도록 하는 데 큰 효과가 있다. 그러나 단체를 상대로 말하는 사람들은 대부분 자기주장이나 목표를 직접적으로 말하기를 꺼린다. 그래서 자신이 그 자리에 서게 된 이유부터 장황하게 설명한다. 그럼 청중은 말하는 사람의 의견이 기대에 미치지 못할 것이라고 예측해버린다.

한편, 어떤 사람은 문제만 제기한다. 그는 청중이 기다리는 것도 아랑곳하지 않은 채 그 문제를 풀 수 있는 방법을 쉽게 언급하지 않는다. 그럼 청중은 시간이 흐를수록 이상하게 생각하면서, 말하는 사람이 무엇을 주장하려는 것인지 궁금해한다. 그런데 이런 태도를 너무 오래 지속하면 말하는 사람이 해결 방법을 제시해도 청중의 반응은 냉담할 수밖에 없다.

또 어떤 사람은 자기주장을 말하기 전에 그 주장을 하게 된 원인부터 밝힌다. 만일 청중이 말하는 사람의 의도를 안다면 이것은 크게 문제되지 않는다. 그러나 아무것도 모르는 청중 앞에서 이런 방법으로 이야기를 시작하면 곤란하다. 청중은 말하는 사람의 이야기가 진행되는 동안 그가 도대체 무엇을 말하고 싶은 것인지를 전혀 파악할 수 없기 때문이다.

예를 들어, 어떤 주식회사에서 주주총회를 위해 갑자기 주주들을 소집했다. 이 총회의 목적은 앞으로 주식 배당금을 현금으로 줄지, 액수만큼 주식으로 지급할지를 의논하고 결정하기 위한 것이다. 그렇다면 총회를 이끌어가는 사람은 이 회의를 어떻게 시작하는 것이 좋을까?

그는 이 문제가 총회 안건이 된 이유나, 두 방법이 가지는 각각의 장단점부터 설명하지 않도록 주의해야 한다. 그는 앞에서 설명한 방법처럼 총회를 열게 된 목적을 가장 먼저 밝히고, 그런 이유로 주주들을 소집할 수밖에 없었다며 회사의 처지를 설명해야 한다.

둘째, 말하는 사람의 의견이 다양한 해석을 낳을 수 있는 내용이라면 반드시 예를 들어 설명해야 한다. 왜냐하면 그 의견을 들은 청중은 자기 나름대로 해석하려 들기 때문이다. 이런 현상은 청중이 많을수록 두드러지게 나타나는데, 나중에는 걷잡을 수 없을 정도가 된다. 따라서 적절한 예를 들어줌으로써 그들이 해석할 수 있는 범위를 미리 제한하는 것이다. 즉, 그들에게 "좀 더 성의껏 일해라, 꼭 필요하다고 판단되는 경비만 결제를 올리도록 해라, 단체 생활을 하는 자세가 바람직하지 못하다, 발전적인 생각을 많이 해라" 등의 말을 하고 싶다면 반드시 알맞은 예를 덧붙이도록 한다. 그럼 그들은 더욱 쉽게 이해할 수 있을 것이다.

셋째, 가끔씩 청중에게 당신의 주장에 대해 어떻게 생각하는지를 질문한다. 사람은 대부분 상대방에게 질문을 받으면 생각을 하게 된다. 즉, 대답할 내용을 찾기 위해 두뇌를 더욱 빨리 움직이기 시작하는 것이다. 만일 질문을 받은 사람이 적절한 대답을 했다면 지금까지의 이야기를 충분히 이해하고 있다고 보면 된다.

그럼 지금부터는 어떤 방법으로 강의를 해야 효과가 좋을지에 대해 살펴보자. 먼저 30초에 한 번 정도는 반드시 질문을 한다. 이때 질문 방법에는 두 가지가 있다. 사람들이 모두 함께 대답할 수 있는 내용으로 질문하거나, 청중이 스스로에게 묻고 대답하도록 분위기를 유도하는 것이다.

전자는 상대방이 생각하도록 자극하는 데 더없이 좋은 방법이다. 그러나 청중이 너무 많거나 토론을 귀찮아하는 사람들이 있을 때는 큰 효과가 없다. 그렇지만 듣는 사람의 두뇌 활동을 활발하게 한다는 측면에서는 질문을 자주 할 필요가 있다.

따라서 연설 프로그램을 짤 때는 질문 내용과 예상 답변을 미리 준비해놓도록 한다. 이 과정은 청중이 당신의 주장을 더 잘 이해하도록 도울 뿐 아니라, 즐거움까지 느끼게 해준다. 그들은 연설을 함께 진행하고 있다고 여기기 때문에 비로소 말하는 사람에게 마음을 열게 되는 것이다. 그뿐만 아니라 지적 활동이 가져다주는 기쁨도 맛보게 된다.

그 다음에는 청중의 질문을 유도한다. 질문이란 정보를 얻고 싶거나 자기 마음을 적극적으로 표현하기 위한 하나의 방법이다. 그런데 청중은 당신이 질문 내용을 하찮게 여길까 봐 불안해한다. 질문을 처음 할 때는 더욱 자신이 없기 때문에 망설이다가 포기하는 경우도 있다. 그러므로 당신은 그들이 마음껏 질문할 수 있도록 분위기를 이끌어갈 책임이 있다. 즉, 청중에게 연설을 들으면서 의심스럽다거나 궁금한 점이 있으면 언제든 물어오라고 한두 번쯤 언급한다. 그리고 누군가 질문을 해오면 연설을 잠시 중단하고 성의껏 답변해준다. 이것은 질문을 진심으로 환영하고 있다는 태도를 확실히 나타내는 것이다.

그리고 청중이 질문을 해오면 반드시 칭찬을 해준다. 이것은 예상했던 것보다 훨씬 좋은 효과를 가져온다. 칭찬의 말에는 "이 질문 내용은 참 재미있다, 질문하는 사람이 꽤 날카로운 시각을 갖고 있다, 다 함께 생각해볼 만한 가치가 있다, 아까 말하려다가 깜빡 잊어버렸는데 마침 잘 이야기해주었다" 등이 있다. 질문자가 칭찬받는 모습을 본 다른 사람들은 자극을 받게 된다. 그리고 자신도 질문을 해서 한 번쯤 칭찬 받고 싶다는 생각을 하고 질문할 내용을 마음속으로 준비하기 시작한다.

누군가 질문을 해오면 질문 내용의 의미를 다시 한 번 물어보도록 한다. 만일 질문 내용을 잘못 파악해 엉뚱한 대답을 하면 말하는 사람에 대한 신뢰도가 떨어지기 때문이다. 또한 답변이 끝나면 질문자에게 만족스러운지를 확인한다. 이 과정을 되풀이 하다 보면 질문자가 원하는 답변을 충분히 해줄 수 있다.

연설 내용과 전혀 관계없는 질문도 어느 정도 수용하도록 한다. 연설을 하다 보면 엉뚱한 질문을 하는 사람이 한두 명쯤은 있게 마련이다. 이때 그 사람이 연설을 방해한다는 느낌이 들어도 일단 관심을 보여야 한다. 만일 말하는 사람이 그런 질문을 무시해버린다면 질문자는 금방 불만을 드러내고, 더 이상 연설을 들으려 하지 않는다.

또 어떤 사람은 일부러 말하는 사람을 골탕 먹이려고 연설 내용과 반대되는 말을 중얼거리기도 한다. 이런 경우는 한 사람과 대화를 나눌 때도 종종 벌어진다. 그런데 청중을 상대로 이야기할 때는 그 영향이 주위에까지 미친다. 즉, 다른 사람들은 자신이 어떤 말을 했을 때 무시당할까 봐 불안해지는 것이다. 그러므로 질문자가 조금 엉뚱한 질문을 하더라도 연설의 흐름에 큰 문제가 되지 않는다면 한두 마디의 대답을 해주는 것이 바람직하다.

더불어 같은 내용을 여러 번 번복해서 들려주도록 한다. 한 사람과 대화할 때는 물론, 많은 사람과 이야기하거나 연설할 때도 이 방법은 효과가 무척 크다. 즉, 어떤 내용을 빨리 이해시키고 기억하도록 유도하고 싶다면, 자꾸 반복해서 말하는 노력이 최선의 태도이다. 단, 청중이 지루해하지 않도록 약간 변화를 주어 말하도록 한다. 만일 내용이 길거나 복잡하고 애매하다면 반복 횟수를 점점 늘려야 한다. 따라서 전체 연설 시간 중에서 내용을 반복하는 시간을 뺀 나머지 시간 안에서 연설 내용이 완성될 수 있도록 프로그램을 짜야 한다.

마지막으로 내용을 요약할 시간도 마련해야 한다. 내용을 반복해서 들려주는 것만큼 그것을 이해했는지 확인하는 과정도 중요하다. 그리고 다시 한 번 요약하는 일은 청중이 말하는 사람의 주장을 명확히 이해하고 따라올 수 있도록 돕는 지름길이다.

청중을 똑바로 바라본다

1 대화의 기교

'대화의 기교'를 배우고자 하는 사람들은 대부분 "나는 다른 사람들 앞에서 말해야 할 처지가 되면 걱정이 앞선다. 그리고 두려움이 조금씩 커지고 사리분별을 제대로 하지 못하며 주의력도 산만해져서, 내가 무엇을 말하려고 했는지조차 잊어버린다. 따라서 나는 무엇보다도 마음을 차분히 가라앉히고 생각을 정리해 요령 있게 말하는 방법과 다른 사람을 설득하거나 이해시킬 수 있는 대화의 기교를 배우고 싶다"라고 말한다.

그렇다면 당신에게도 묻고 싶다.

"다른 사람을 설득하거나 이해시킬 수 있는 대화의 기교를 배우고 싶은 마음이 없는가?"

아마도 당신은 큰소리로 "분명히 있다"라고 대답할 것이다. 그런데 당신의 마음 한쪽에는 불안한 감정이 도사리고 있다. 당신은 작은 목소리로 이렇게 묻고 싶다.

"내가 정말 많은 사람 앞에서 큰 실수를 하지 않고 말을 잘할 수 있을까요?"

당신이 다른 사람과 마주앉아 자신의 논리를 침착하게 펴나갈 수 있었다면, 많은 청중 앞에 서서 이야기하는 것도 반드시 잘해낼 수 있다. 왜냐하면 당신이 느끼는 두려움이나 조급함, 대중 공포증 따위는 스스로 판단하는 것만큼 큰 문제가 아니기 때문이다. 이러한 부정적인 심리 증상은 대중 앞에서 말하는 방법을 몇 번이고 반복해서 연습해보면 생각보다 쉽게 극복할 수 있다. 더욱이 훈련을 많이 하면 할수록 당신은 지금까지 맛볼 수 없었던 자신감이 마음속에서 점점 커지고 있다는 사실을 깨닫게 된다.

따라서 지금부터는 많은 사람들이 사용했던 대화의 기교 가운데 가장 중요하다고 여겨지는 것들을 살펴볼 것이다. 이 과정을 열심히 따라온다면 당신은 스스로 세운 목표를 반드시 이룰 수 있다. 그러므로 여기에서 권하는 방법에 집중하고 실천할 수 있도록 노력하자.

2 목표를 똑바로 쳐다본다

자신감과 함께 효과적인 대화의 기교를 자기 것으로 확실히 만들었다고 가정하고, 이 경우 얻을 수 있는 여러 이익들을 한 번 상상해보자. 사교 모임에서 차지할 위치와 거기에서 쌓이는 새로운 친분, 시민으로서의 활발한 사회 활동, 어떤 단체에 속한 한 사람으로서 그 단체에 공헌하는 능력의 정도, 사업이나 직업상 발휘하는 영향력의 증대……. 한마디로 자신감과 대화의 기교는 당신을 지도적 위치에 서게 하는 주춧돌이 될 것이다.

세계적인 심리학자이자 하버드대학 교수인 윌리엄 제임스는 '용기'라는 이름의 보물을 찾기 위한 방법을 다음과 같이 말했다.

"어떤 분야를 이룩하는 궁극적인 힘이 되는 것은 목적을 향한 열정이다. 하나의 결과를 얻고자 하는 마음이 절실할수록 그 결과에 더욱 가깝게 접근할 수 있다. 당신이 착한 사람이 되고 싶다고 간절히 원하면 그렇게 될 수 있다. 학자가 되고 싶다는 목표를 세우고 열심히 노력하면 학자가 될 것이다. 그러나 이 경우 반드시 주의할 것이 있다. 즉, 목적한 일 외에는 아무것도 바라지 않겠다는 인내심을 가져야 하는 것이다. 그리고 오직 진실한 마음으로 목적을 이루기 위해 끊임없이 노력해야 한다."

대중 연설 또한 마찬가지다. 대화의 기교를 훈련한 결과는 금방 겉으로 드러나지 않는 경우도 있다. 애틀랜틱시티의 외과의사이자 미국의학협회 회장을 역임한 데이비드 아르만 박사는 이 훈련이 정신적, 육체적 건강에 어떤 도움이 되는지에 대한 짤막한 글을 적었다. 그는 마치 환자를 진찰한 뒤 소견서와 처방전을 적듯이 그 글을 썼다.

"최선을 다해 자기 생각과 마음을 다른 사람에게 드러내 보일 수 있는 능력을 기를 것. 자기 느낌과 사상을 한 사람과의 관계 속에서, 또는 집단과 대중 앞에서 분명히 알릴 것. 이런 능력이 커짐으로써 자기 안에 숨 쉬고 있던 진실한 자아가 적극적으로 활동한다. 주위 사람들은 그의 새로운 모습을 보고 놀라워하며 신선한 충격을 받게 된다."

이렇게 짧은 글 속에 담긴 내용을 행동으로 실천하는 사람은 두 가지 이익을 동시에 얻을 수 있다.

첫째, 다른 사람에게 말을 건네는 방법을 익혀감에 따라 한층 자신감이 생긴다.

둘째, 포용력이 넓어지고 여러 자질이 향상된다. 이와 같은 발전은 사람이 정서적 측면에서 여유를 갖게 되는 것을 뜻한다. 더욱이 정서적 여유는 육체적 만족감까지 불러일으킨다. 이런 현상은 남녀노소를 가리지 않고 거의 공통적으로 나타난다.

그러므로 당신은 상대방이 몇 명이든 상관하지 말고 기회가 생기면 대화를 갖도록 노력해야 한다. 그 경험을 많이 쌓을수록 당신의 대화는 더욱 더 세련되어진다. 그뿐 아니라 지금까지 누릴 수 없었던 정신적 충족감까지 맛보게 된다. 즉, 자신이 원만한 성격을 갖고 있다는 점을 깨달아 대인 관계에 더 큰 자신감을 갖게 되는 것이다.

 ## 반드시 성공할 수 있다고 스스로 확신한다

한 번은 어느 라디오 프로그램에 출연해 이런 말을 한 적이 있다.

"지금까지 내가 깨달은 것 가운데 가장 큰 교훈은 특별한 내용이 아니다. 즉, 사람들이 무엇을 생각하든지 그것은 매우 중요하다는 사실이다. 만일 어떤 사람이 지금 무엇을 생각하는지 말해준다면, 나는 그가 어떤 사람인지를 금방 파악할 수 있다. 왜냐하면 한 사람이 갖고 있는 특성은 흔히 그 사람의 생각에 의해 결정되기 때문이다. 그러므로 사람은 생각의 방향을 바꿈으로써 자기 앞에 펼쳐진 인생도 바꿀 수 있다."

그런데 이런 극적인 결과를 얻으려면 어떤 방법을 사용해야 효과적일까? 이 의문에 대한 대답도 매우 간단하다. 자신이 노력한 만큼 훌륭한 열매를 거둘 수 있다는 적극적인 생각을 지니는 것이다.

만일 많은 사람들 앞에서 말을 잘하기 위해 노력하고 있다면, 나타날 결과에 대해서도 낙천적인 시각으로 바라봐야 한다. 그리고 그 목표를 이룰 때까지 마음과 정성을 다 바치겠다는 결심을 주위 사람들에게 명확히 드러내 보일 필요가 있다. 이때 가장 좋은 방법은 말로써 소문을 퍼뜨리는 것이다.

이처럼 어떤 목표를 이루고야 말겠다는 자신과의 싸움은 일을 적극적으로 추진하는 데 반드시 필요한 과정이다. 따라서 훌륭한 연설가가 되고 싶다면 무슨 일이 있어도 되고 말겠다는 성공의 신념을 굳건히 세워야 한다.

예전에 대화의 기교를 배우던 A라는 사람이 있었다. 그는 자기를 이렇게 소개했다.

"저는 건축업자입니다. 앞으로 전국건축가협회의 대변인이 되는 것이 저의 진정한 꿈입니다. 대변인이 되면 전국을 돌아다니면서 건축 사업의 문제성을 토론하고 그동안의 업적을 알려주고 싶거든요."

그는 자기의 목표를 이루기 위해 정말 열심히 훈련받았다. 마침 그때는 건축업계가 1년 중에서도 무척 바쁜 시기였다. 그러나 그는 한 번도 빠짐없이 자신이 발표할 내용을 미리 조사하고, 또 열심히 연습해 동료들 앞에서 무사히 발표를 마치곤 했다. 그는 훈련의 전 과정을 훌륭히 잘해냈다. 1년 후 그의 반을 담당했던 강사가 이런 편지를 보내왔다.

"저는 그동안 A라는 사람을 거의 잊고 있었습니다. 그런데 어느 날 사진과 함께 그의 기사가 신문에 실려 있더군요. 전날 밤 그가 이곳의 건축업자 모임에서 연설을 했던 것입니다. 그런데 그의 직함이 무엇이었는지 상상해보세요. 그는 전국건축업자협회의 대변인 정도가 아니라 당당히 회장 자리에 올라 있었습니다."

A는 자신의 목표를 이루기 위해 피나는 노력을 게을리 하지 않았으며, 그 보답을 결과로서 받은 것이다.

4 모든 기회를 이용해 연습한다

연설 요령을 익히는 것은 수영을 처음 배울 때의 원리와 똑같다. 즉, 물에 들어가지 않고서는 수영을 배울 수 없듯이 다른 사람들 앞에서 말해보지 않으면 연설을 어떻게 해야 하는지 구체적으로 깨닫지 못한다. 많은 사람 앞에서 직접 연설해보면 해볼수록 대화의 기교도 쌓이는 것이다.

영국의 유명 연설가인 조지 버나드 쇼는 청중 앞에서 설득력 강한 이야기를 하고 싶은 사람들에게 "실패를 반복하면 웃음거리가 될 수 있다. 그러나 아무것도 겁내지 말고 연습을 반복하라"고 조언한다. 이것은 그의 체험에서 우러나온 말이다.

그는 한창 젊을 때 지나치게 내성적이었다. 다른 사람 집을 방문할 때도 초인종을 누르기까지 문 앞에서 20분 이상을 망설일 정도였다. 그러던 어느 날 그런 성격을 고쳐야겠다고 마음먹었다. 그래서 즉시 한 토론회에 가입했다. 그 후 그는 시내에서 열리는 공개 토론회에 빠짐없이 참석했고, 발언할 기회도 곧잘 만들어나갔다. 이 방법은 그의 내성적인 성격을 고치는 데 탁월한 효과를 가져왔다. 그러나 그가 이 사실을 미리 알고 토론회에 가입한 것은 아니었다. 그는 단지 자기 성격을 고쳐보겠다는 의지를 실천하기 위해 하나의 모험을 선택했을 뿐이다. 그러나 이 모험 정신이 그의 정신적, 육체적 상태를 완전히 뒤바꿔 놓는 계기가 됐다. 그는 점차 사회주의 운동에 적극 참여하기 시작했고, 연설할 기회도 자꾸 늘어갔다. 그리고 마침내 버나드쇼는 금세기 가장 뛰어난 연설로 자신을 개조했다.

이처럼 사람은 누구나 스스로 말할 기회를 만들어나가야 한다. 어떤 조직이나 집회에 참석하는 횟수를 늘리고, 자기 의견을 발표하려고 노력해야 하는 것이다. 어렵게 생각할 필요가 전혀 없다. 교회 주일학교에서 학생들을 가르치거나, 보이 스카우트의 지도교사가 되는 것도 좋은 방법이기 때문이다. 당신의 참여를 기다리는 단체나 모임은 주변에 무궁무진하다. 이제 용기를 갖고 그곳으로 걸어가는 일만 남았다는 사실을 명심하자.

어느 해인가, 어떤 한 사람이 2000여 명의 청중과 내 앞에서 자신의 지난 이야기를 들려준 적이 있다.

"벌써 5년 전의 일입니다. 저는 당신이 공개 강연을 하고 있는 호텔에 갔었지요. 강연 내용을 들어보고 등록을 결정하려고요. 저는 강연이 진행되고 있는 호텔방 앞까지는 아무 일 없이 걸어갈 수 있었습니다. 그런데 웬일인지 문의 손잡이를 돌릴 수가 없었습니다. 저는 당신의 강연을 들으면 연설 방법을 더 빨리 익힐 수 있다는 사실을 전부터 알고 있었습니다. 하지만 마음과는 달리 손은 얼어붙어 있었지요. 시간이 조금 흐르면 나아지겠지 생각하고 기다렸지만 헛일이었습니다. 하는 수 없이 저는 그 자리를 뜨고 말았지요. 만일 그때 강연을 들었다면 저는 5년이란 긴 세월을 헛되이 보내지 않아도 되었을 것입니다. 저는 얼마 전까지 청중 앞에만 서면 금방이라도 주저앉을 것처럼 무기력해졌습니다. 또한 그들이 저에게 손가락질을 할 것 같은 느낌에 식은땀을 흘리고 무서움도 느껴야 했지요. 그러니 마음먹은 대로 연설이 되었을 리 없습니다. 그런데 당신이 가르쳐준 단순하고 쉬운 몇 가지 방법으로 저는 그런 온갖 방해 요소들을 극복할 수 있었습니다. 5년 전에 좀 더 용기를 내지 못한 것이 정말 후회스러울 뿐입니다.”

그는 놀라울 정도로 침착한 태도와 자신감이 가득한 목소리로 말을 이어나갔다. 그를 지켜보던 내가 오히려 깜짝 놀랄 정도였고, ‘사람들 앞에서 자기 생각을 표현하는 방법과 자신감을 갖고 대화하는 태도를 깨우친 사람이 또 한 명 탄생했군. 앞으로 그는 최고경영자로서의 자질을 개발해나가는 데 별 어려움이 없을 거야’ 라는 생각까지 들었다.

일찍이 에머슨은 두려움이나 공포가 사람에게 끼치는 영향에 대해 다음처럼 간파했다.

“이 세상에서 많은 사람들이 그 무엇보다 공포 때문에 패배의 잔을 마신다.”

수많은 사람들을 만나본 결과, 대중 앞에서 연설하는 방법을 익히는 것이 두려움을 극복하고 참다운 용기와 자신감을 길러주는 데 큰 구실을 한다는 사실을 깨달았다. 즉, 사람은 연설을 연습하면서 마음 한쪽에 웅크리고 있는 공포를 몰아내기 위해 치열한 싸움을 벌이는 것이다.

1 대중 연설 공포증을 극복하는 자세

지금부터는 깜짝 놀란 만큼 빨리 대중 연설 공포증을 극복할 수 있는 방법을 소개하고자 한다. 여기에 더해 진정한 자신감을 기르는 데 도움이 되는 몇 가지 방법도 이야기하겠다. 반드시 기억해두었다가 자기 모습과 비교해보자.

첫째, 당신뿐 아니라 많은 사람들도 연설할 때 큰 두려움을 느낀다. 각 대학에서 실시한 조사 결과이다. '대화의 기술' 강의를 듣고 학점을 취득한 학생들의 80~90퍼센트는 한결같이 강단에 어떤 자세로 서야 바람직한지에 대해 고민한다고 한다. 그러니 당신도 애써 겁먹은 자세를 감출 필요가 없다.

둘째, 어느 정도의 연단 공포증은 오히려 필요하고 도움이 된다. 사람은 누구나 불리한 환경과 부딪히면 깜짝 놀라지만, 잠시 후 그것을 극복하려는 마음을 갖게 된다. 그러니 강단에 서기 전부터 심장 박동이 빨라지고 거칠어지는 증상을 지나치게 의식하면서 걱정할 필요는 없다. 오히려 건강한 당신의 몸은 외부 자극을 예민하게 느끼고 반응할 자세를 갖춘다. 이런 생리적 대응 준비가 적절히 이루어져야 두뇌 활동도 활발해지며, 마침내 당신은 유창하게 말할 수 있게 된다. 또한 약간 긴장된 상태여야 더 효과적으로 말을 잘할 수 있다. 그러므로 당신은 자신의 정상적인 신체 리듬에 고마움을 느끼고 존중해야 한다.

셋째, 연설이나 강연의 최고 전문가도 강단 공포증을 완전하게 극복하지는 못한다. 연설을 시작하기 직전에는 어떤 사람이라도 강단 공포증을 경험한다. 또한 말을 시작하고도 얼마 동안은 이 느낌이 지속된다. 이런 현상은 평범한 사람이 유능한 연설가가 되려면 몇 번쯤은 겪어야 하는 과정이다. 그러므로 당신이 처음부터 '얼음처럼 차가운 이성'을 갖고 연설할 수 없는 것은 지극히 당연하다.

넷째, 많은 청중 앞에서 말하는 습관이 몸에 배어 있지 않기 때문에 연설을 두려워할 뿐이다. 대부분의 사람들은 연설을 해본 경험이 거의 없다. 따라서 그들은 당연히 불안해하고 두려워한다. 그러나 서너 차례 이상 경험을 쌓으면 결코 힘든 일이 아니라는 사실을 깨닫는다. 간단하게 예를 들어, 운전을 못하는 사람은 그것을 어렵다고 생각할 것이다. 그러나 그 방법들을 모두 배우고 나면 매우 쉽게 느껴질 뿐 아니라, 오히려 그것을 즐기게 되어 기쁨까지 맛볼 수 있다.

그러므로 두려움을 편안한 감정으로 변환시키기 위해서는 반복적인 연습과 훈련을 게을리 해서는 안 된다. 청중 앞에서 연설할 기회가 주어질 때마다 연설에 성공한다면 고통이 환희로 변하는 순간의 감동으로 눈물 흘리게 될 것이다.

연설을 하기 전 철저하게 준비한다

그동안 각종 연설을 평가해본 결과, '용의주도하게 만반의 준비를 해 온 사람만이 자신감을 가질 자격이 있다' 는 사실을 깨달았다. 불완전한 준비로 전투에 임할 생각이라면 아예 포기하는 편이 현명하다. 세계적인 연설가 에이브러햄 링컨도 철저한 준비의 필요성을 다음처럼 꼬집었다.

"연륜이 아무리 깊다고 해도 완벽하게 준비하지 않는다면 도중에 당황하게 될 것이다."

3 연설 내용을 전부 외우지 않도록 한다

연설 전 완벽하게 준비하라는 말을 연설 내용을 모두 외우라는 뜻으로 이해해서는 곤란하다. 다시 말해, 연설 내용을 처음부터 끝까지 다 암기하려는 것은 시간과 정력의 낭비일 뿐 아니라, 스스로 고민을 떠안는 셈이다.

사람은 누구나 한평생 무의식적으로 말을 한다. 이것은 어떤 생각을 말로 표현할 때 낱말 하나하나를 모두 골라서 사용하지 않는다는 뜻이다. 그런데 말은 생각의 줄기를 따르게 된다. 즉, 줄거리만 명확하게 정해져 있다면 말은 사람이 공기를 호흡하듯 자연스럽게 흘러나오게 되어 있는 것이다.

영국의 수상 윈스턴 처칠조차도 이 교훈을 얻기 위해 쓰라린 경험을 했다.

처칠이 젊었을 때였다. 그는 연설 기회가 생기면 반드시 연설문을 완벽하게 작성한 뒤 달달 외우곤 했다. 그런데 영국 의회 단상에서 연설하는 날, 생각지도 못했던 일이 벌어졌다. 그는 여느 때처럼 암기한 연설문을 발표하다가 그만 다음 내용을 잊어버리고 만 것이다. 아무리 생각해도 한 번 잊힌 내용은 도무지 기억나지 않았다. 마침내 그는 몹시 당황해 얼굴이 시뻘겋게 달아올랐다. 그는 연설이 끊겼던 마지막 부분의 문구를 몇 번이고 반복해 읊조려 봤지만 소용이 없었다. 결국 처칠은 연설을 끝맺지 못한 채 자리로 돌아왔다.

그날 이후 처칠은 연설 내용을 완벽하게 외우는 일 따위는 하지 않았다.

이처럼 연설을 하기 전에 연설 내용을 한 글자도 틀리지 않게 외울 수 있다고 해도 그 효과가 100퍼센트 나타나리라고 기대하기는 어렵다. 청중 앞에 서면 두려움과 긴장감 탓에 힘들어서 완벽하게 외운 내용도 잊어버리기 쉽기 때문이다. 특히 기계적으로 외워서 하는 말은 마음속에서 우러나오는 것이 아니다. 그래서 한 글자라도 틀리면 연속적으로 내용이 흐트러지거나 그 전부를 잊어버리게 된다.

남녀노소 불문하고 많은 사람들이 내용을 완벽하게 외운 뒤 연설에 임한다. 만일 그들이 자신감을 갖고 이런 방법을 과감히 버릴 수 있다면 어떤 일이 벌어질까? 그 연설은 훨씬 더 생동감 넘쳐 청중은 연단에 선 사람을 보기 위해 목을 길게 늘릴 것이다. 또한 그의 연설은 더 빠르게 청중을 설득하게 된다. 그래서인지 암기한 연설 내용을 줄줄 외워나가는 사람을 볼 때마다 안타까움을 금할 수 없다.

반면, 연설 내용을 하나도 외우지 않고 연설을 시작하면 꼭 말하고 싶은 요점 가운데 몇 가지를 잊어버릴 수 있다. 더욱이 줄거리가 흐트러져 일관성 없는 연설이 될 가능성도 높다. 어쩌면 청중도 실망할지 모른다. 그러나 이런 단점에도 청중은 연설하는 사람이 부속품으로 조립된 기계가 아니라, 자기처럼 뜨거운 피가 흐르는 인간이라는 사실을 느끼게 될 것이다.

　일찍이 링컨은 문장을 외워서 하는 연설의 허점을 다음과 같이 언급했다.

　"나는 더 이상 틀에 박힌 설교는 듣고 싶지 않다. 그것보다 오히려 독침을 곤추세운 벌떼와 격투를 벌이는 곰처럼 격분해 있는 사람의 연설을 듣고 싶다."

4 연설 전에 자신의 생각을 정리하고 요약한다

훌륭한 연설을 위해 먼저 준비해야 할 것에는 무엇이 있을까? 먼저 일생에서 진정으로 보람 있었다고 판단되는 것들을 기억해낸다. 그런 다음 경험으로 크게 깨우쳐 다시 정립한 생각, 사상, 신념 등을 차분히 정리한다. 연설을 하기 위한 참된 준비란 이처럼 당신이 말하고 싶은 주제에 대해 충분히 생각하는 일에서부터 시작해야 한다. 그 생각들을 충분히 검토했다면 분석 및 평가 단계를 거쳐 종합하는 절차를 따를 필요가 있다.

예일대학에서 주최한 강연에 참석한 어느 박사는 다음과 같이 정곡을 찌르는 말을 했다.

"당신이 말하고 싶은 주제가 다각적인 검토를 거쳐 무르익은 후 준비된 여러 절차들을 거치는 과정에서 하나의 결과로 나올 때까지 기다려야 한다. 결과가 나왔다면 지금까지의 모든 과정을 잘 요약해 글로 표현한다. 자기 생각을 간단히 정리하는 것이므로 도표를 그리듯이 일목요연하게 요약해도 좋다. 이런 방법은 이야기의 줄거리와 주제가 잘 정돈되지 않을 때 사용하면 도입부터 결론까지 계통을 세울 수 있어 더욱 효과적이다."

이 박사가 제시한 방법은 결코 어려운 것이 아니다. 잠시 동안이라도 정신을 집중해 스스로 연설하는 목적을 정확히 파악하려고 노력한다면 10분도 채 걸리지 않는다.

친구나 동료를 대상으로 예행연습을 한다

연설 내용이 모두 준비되었으면 즉시 예행연습을 한다. 만일 주위 사람들을 적극적으로 활용할 수 있다면 예행연습뿐 아니라 청중 앞에서의 연설도 성공할 확률이 매우 높아진다. 즉, 연설을 위해 마련해놓은 이야깃거리를 친구나 사업상 동료에게 그대로 응용해보는 것이다.

말머리는 "얼마 전 나는 정말 이상한 경험을 했지 뭐야. 내 이야기 좀 들어보지 않을래?"라고 시작하는 것이 상대방의 호기심을 더 많이 자극한다. 그럼 당신의 친구나 동료는 이야기를 재미있게 들을 것이 분명하다. 이때 당신은 상대방의 반응을 잘 살피면서 의견을 주의 깊게 듣도록 한다. 그들은 예상 외로 냉철한 비판을 해줄 수 있다. 하지만 당신이 연설 예행연습을 한다는 사실은 끝까지 눈치 채지 못할 것이다. 그만큼 그들은 더욱 솔직하게 자기 느낌이나 의견을 말하게 된다.

역사학자 아반 네빈스도 이와 비슷한 충고를 작가들에게 들려주고 있다.

"당신이 쓰려고 생각하는 주제에 관심 있는 친구들을 찾아가라. 그리고 당신이 그 주제에 대해 세워놓은 줄거리를 들려줘라. 이 과정을 통해 당신이 미처 깨닫지 못했던 구성의 미흡함이나 타당하지 않은 줄거리의 문제점 등을 발견할 수 있다."

6 연설을 성공리에 마치겠다는 확신을 갖는다

말할 기회가 생길 때마다 그것을 연설 성공의 발판으로 삼아야 한다. 이렇게 하기 위해서는 다음의 방법들을 적용시켜 보자.

첫째, 연설의 주제 속에 자신을 몰입시킨다. 앞으로 발표해야 할 연설의 주제가 얼마만큼 중요한지를 스스로 납득해야 하는 것이다. 이 과정은 연설을 하면서 스스로 신념의 길을 찾아보게 만든다. 즉, 연설의 주제를 더욱 세밀하게 분석해 숨겨진 의미까지 파악하는 데 힘을 쏟게 되는 것이다.

둘째, 연설을 시작하기 전에 부정적인 예상을 하지 않는다. 즉, 연설을 시작하기 전부터 실수를 저지르는 것은 아닌가 걱정하지 않도록 주의한다. 이런 쓸데없는 걱정은 평소 갖고 있던 자신감마저 떨어뜨리거나 힘을 약하게 만드는 불필요한 요소이다. 마음을 차분히 가라앉히고 싶다면 다른 사람의 연설 내용에 모든 신경을 집중하라. 이 방법은 지나친 연단 공포증에 빠져 있지 않도록 막아주는 구실을 한다.

셋째, 스스로 용기를 북돋운다. 때때로 연설 주제가 자신에게 알맞은지, 청중이 그 내용에 귀 기울일지 등을 고민하게 된다. 더욱이 어떤 경우에는 연설 주제를 바꿔보는 것이 어떨까라는 생각까지 한다.

이처럼 스스로 불안감에 휩싸여 있을 때 용기를 줄 수 있는 사람은 바로 자신뿐이다. 즉, 연설 주제는 인생을 열심히 살아오면서 경험하고 깨달은 바를 표현하는 것인 만큼 자신에게 가장 적합하다는 사실을 스스로에게 납득시켜야 한다. 큰 소리로 다음과 같은 말을 자기 자신에게 들려준다면 가장 빠른 시간 안에 더 큰 효과를 거둘 수 있을 것이다.

"많은 사람들 가운데 그 이야기를 할 자격은 오직 나만 갖고 있다."

항상 자신감을 갖고 행동한다

세계적으로 유명한 미국의 심리학자 윌리엄 제임스 교수는 그의 저서에서 다음과 같이 말했다.

"사람의 행동은 감정 상태에 따라 이리저리 움직이고 있는 것처럼 보인다. 그러나 사실 행동과 감정은 평행선을 달리고 있다. 감정은 행동만큼 직접적으로 의지의 지배를 받지 않는다. 그러나 사람은 어느 정도 행동의 규칙을 정해놓음으로써 간접적으로 감정을 다스릴 수 있다. 그렇다면 사람이 자연스러운 쾌활함을 잃어버릴 경우 그것을 다시 회복하려면 어떤 방법을 써야 할까? 중요하면서도 가장 최선의 방법은 어깨와 배에 힘을 주고 성격이 무척 명랑한 듯이 행동하고 말하는 것이다. 이런 방법을 사용한 후에도 기분이 나아지지 않는다면 기다려보는 수밖에 없다. 이와 마찬가지로 당신이 용기 있는 사람처럼 보이기 위해서는 정말 그렇게 행동하는 것이 필요하다. 또한 실제로 용기 있길 원한다면 당신의 정신적 의지와 힘을 최대한 발휘해야 한다. 당신이 노력할수록 더욱 커지는 용감한 정열은 당신의 두려움과 공포 따위를 아주 쉽게 물리칠 것이다."

제임스 교수의 충고를 잘 기억해두었다가 충분히 활용한다면 큰 도움을 얻을 수 있다. 그리고 한 번 더 강조하는데, 청중 앞에 섰을 때 자연스럽게 행동할 수 있는 용기를 기르려면 이미 만반의 준비를 다 갖춘 것처럼 행동해야 한다. 만일 아무런 준비도 하지 않은 채 용기 있는 사람처럼 보이려고 한다면 청중은 금방 눈치 채고 외면할 것이다.

자기 스스로가 말하려는 내용과 주제를 정확히 파악하고 있다면 심호흡을 크게 하는 것이 큰 힘이 된다. 즉, 청중 앞에 서기 30초 전쯤부터 숨을 깊이 들이마신 다음 내뱉는 동작을 여러 번 반복하면, 새로운 기운을 얻게 되고 참다운 용기도 솟아난다.

많은 사람 앞에서 말할 때 생기는 공포를 극복하면 다른 모든 일에도 자신감을 얻게 된다. 따라서 이것은 매우 가치 있을 뿐 아니라, 한 번 도전해볼 만한 일이다. 그리고 마침내 목표를 이루게 되면 전보다 훨씬 성숙해졌다는 사실을 스스로 깨달을 수 있다. 이처럼 청중 앞에서 느끼는 공포와 두려움을 극복하는 일은 인생에서 좀 더 크고 충실하게 도약하는 길임을 기억하자.

말할 자격을
획득한다

인문학 박사인 대학 교수와 트럭 운송사업자가 동료들 앞에서 차례로 연설을 했다. 대학 교수가 먼저 강단에 올랐다. 그는 발음도 정확했고, 더욱이 고급 어법과 표현을 구사했다. 또한 일관성 있게 줄거리를 엮어 나갔으며 주제도 확실했다. 그러나 그의 연설은 구체적인 예가 부족했다. 그로 인해 이야기는 처음부터 끝까지 애매하고 추상적인 개념들로 가득한 듯한 느낌이 들었다.

그에 비해 트럭 운송사업자는 거친 말투와 천박한 표현을 사용했다. 그런데 그는 한 가지 의견을 말할 때마다 자신의 직업에서 경험했던 사실들을 덧붙여 설명했다. 즉, 사업 관계상 만났던 사람들과 나눈 대화는 물론, 정부에서 정해놓은 사업 법규를 지키는 것이 얼마나 골치 아프고 힘든 일인지 등의 실화를 들려줬던 것이다. 그의 말은 활기가 넘쳤고 참신했기 때문에 무척 재미있었고, 듣는 사람에게 새로운 세계를 안내해주었다. 즉, 운송사업자의 말이 좀 더 명확하고 구체적이어서 청중은 마치 한 장의 사진을 보는 것처럼 이야기를 받아들일 수 있었다. 그렇다면 청중은 누구의 연설에 더 깊은 흥미를 느끼고 박수를 보냈을까? 그 결과는 불을 보듯 뻔하다.

이 사례를 통해 무엇을 느낄 수 있는가? 만일 '재치와 유머, 그리고 적절한 사례를 들어 이야기를 전개해나간다면 청중의 관심을 자연스럽게 끌 수 있구나' 라고 판단한 사람은 정확히 본 것이다.

지금부터는 청중의 관심을 더 많이 끌 수 있도록 연설의 질을 높이는 방법을 몇 가지 소개하겠다. 연설을 준비하는 첫 단계부터 이 방법을 충실히 따른다면 이미 청중의 관심을 모은 것이나 다름없다.

1 연설 주제를 명확하게 정한다

만일 지난 1년 동안 일어난 사건들을 모두 나열하는 것처럼 연설을 한다면, 청중은 거의 자리를 뜰 것이다. 사람은 단순한 사실의 나열에 계속적으로 주의를 집중하지 못하기 때문이다. 그러므로 당신은 연설을 준비할 때 어느 부분까지 이야기할지를 분명히 정해야 한다. 그뿐 아니라 이야기의 전개와 마무리도 그 범위 안에서 이루어져야 한다.

예를 들어, 어느 청년이 '기원전 60년의 아테네에서 20세기 말까지'라는 주제로 2분 동안 연설을 한다고 해보자. 하지만 그의 연설은 계획부터 잘못됐다. 그가 2분 동안의 연설을 마쳤을 때는 아테네 시가 생긴 배경만 겨우 말했을 것이다. 이는 하나의 이야기 속에 너무 많은 내용을 담고 싶어 욕심을 부렸기 때문에 발생한 필연적인 결과이다.

이처럼 지나친 자기 욕심을 만족시키려다가 청중에게 외면당하는 연설을 수없이 봐왔다. 그 이유는 앞에서 잠깐 언급한 것처럼, 말하는 사람이 너무 많은 것을 한꺼번에 발표하려고 서둘렀기 때문이다.

반면, A씨는 청중 앞에서 얼마 전 여행길에 들렀던 한 국립공원에 대한 이야기를 5분 동안 했다. 그는 공원 풍경을 모조리 말하기보다, 그곳에 살고 있는 야생동물이나 온천욕에 대해 좀 더 자세히 설명했다. 청중은 너나없이 흥미진진한 표정으로 그의 말에 귀 기울였으며, 오랫동안 그 내용을 기억할 것임에 틀림없다. 만일 시간이 5분만 더 있었다면 그는 자기 경험을 더욱 세밀하게 묘사해 청중에게 생생함을 선사했을지도 모른다.

　이렇듯 5분 안에 연설을 마쳐야 한다면 한두 가지로 요약된 내용을 말하는 것이 바람직하다. 30분 정도 계속되는 연설일지라도 네다섯 개의 요약된 내용을 전달하는 것은 무리다. 그만큼 연설 효과가 좋기를 바라는 것은 어리석은 일이다.

연설하는 이유를 정확하게 깨닫는다

자기 자신에게 연설의 목적과 이유를 꾸준히 질문하도록 한다. 이 과정을 통해 스스로 선택한 주제에 대한 확고한 의지와 신념을 갖게 되며, 마음속에는 자신감이 넘쳐흐른다. 또한 청중의 관심을 더욱 크게 받을 수 있는 방법을 스스로 터득하게 된다.

"나는 왜 이 주제를 선택했는가? 내가 증명하고 싶은 것은 정확하게 무엇인가? 어떤 방법으로 결론에 도달하려고 하는가?"

세계적인 식물학의 귀재로 잘 알려진 루터 버뱅크는 완벽에 가까운 식물 표본 한두 개를 만들기 위해 100만 개 이상의 표본을 시험 삼아 만들었다고 한다. 이는 연설을 준비하는 사람이라면 누구나 본받을 만한 태도이다. 즉, 하나의 주제가 정해지면 100가지 이상의 자료를 준비하고 분석한 뒤 평가해본다. 그리고 그 가운데 90가지는 과감하게 버리는 결단력을 발휘해야 한다.

베스트셀러 《20세기의 내막》의 저자 존 간서는 글과 연설을 준비할 때 기본적으로 갖추게 되는 자신의 태도를 다음과 같이 고백했다.

"나는 언제나 실제로 필요한 것보다 10배, 또는 100배의 정보를 수

집한다."

또 어떤 외과의사는 "맹장을 절개하는 방법을 가르치는 일은 10분이면 충분하다. 그러나 수술하는 가운데 발생한 사고에 대처하는 방법을 가르치는 데는 4년이 걸릴 것이다"라고 말했다.

이 말은 연설 현장에도 훌륭하게 적용된다. 미처 생각하지 못했던 문제가 발생했을 경우 어떻게 대처할지를 생각해보고 세심하게 준비할 필요가 있다.

예를 들어, 자신보다 먼저 단상에 오른 사람의 연설 내용 중 자신과 중복되는 것이 있으면 이야기 전개를 어떻게 바꿀 것인지를 점검한다든지, 연설이 끝난 후 청중에게 어떤 질문을 받게 될지를 예상해 그 답을 충실히 마련해놓는 것도 연설의 완성도를 높이는 좋은 방법이다.

그런데 좀 더 완벽한 연설을 하고 싶다면 적어도 이틀 전까지는 필요한 모든 준비를 마쳐야 한다. 즉, 연설 주제가 명확히 정해지면 곧바로 잠재의식을 활용하도록 한다. 차를 운전하거나 버스를 기다리면서, 또는 지하철 안에서도 연설 주제에 대해 생각하고 검토하며 평가해보는 것이다. 이런 시간과 공간에서 생각지도 못했던 더 좋은 내용과 연설 방법이 떠오르곤 한다.

전혀 다른 의견을 갖고 있는 사람조차 아낌없는 박수를 보내는 뛰어난 연설가 노먼 토머스는 이런 점을 매우 정확하게 지적하고 있다.

"중요한 연설을 준비할 때 당신은 마음속으로 그 주제나 요점을 여러 번 번복해서 검토하고 함께 생활해나가야 한다. 거리를 걷고 있을 때나 신문을 읽는 동안, 또는 잠을 자기 전이나 아침에 눈을 뜰 때, 문득문득 떠오르는 여러 생각들은 모두 당신의 연설을 도울 수 있는 좋은 방법이다. 당신이 진부한 생각과 방법에서 벗어나지 못한 채 연설을 한다면 청중은 그 내용 속에서 아무것도 얻을 수 없다."

간혹 연설 내용을 요약해 글로 써놓고 싶다는 생각을 할지도 모른다. 그러나 이 방법은 절대로 피해야 한다. 왜냐하면 머릿속의 생각이 눈앞에 놓여 있는 글 속에서 한 발자국도 나아갈 수 없기 때문이다.

마크 트웨인은 원고를 암기하는 것이 얼마나 위험한 방법인지를 다음과 같이 꼬집고 있다.

"글로 적은 것은 연설하는 데 알맞지 않다. 그것을 보고 100번을 말해도 그것은 문장에 불과하다. 그것은 딱딱해 탄력성이 없으므로 효과적인 전달 방법이 될 수 없다. 더욱이 연설의 목적이 무엇을 가르치려는 것이 아니라 오직 청중을 즐겁게 만들기 위한 것이라면, 일상적인 말을 사용해도 훌륭한 결과를 얻을 수 있다."

3 연설할 때 적절한 예를 많이 든다

노먼 빈센트 필의 연설이 라디오나 텔레비전에 중계되면 수백만 명의 사람들이 귀를 기울이거나 지켜본다. 그가 생동감 넘치는 연설을 하기 위해 즐겨 사용하는 방법은 상황에 알맞은 예들을 많이 들려주는 것이다. 그는 한 잡지사의 기자에게 이렇게 말했다.

"내가 알기로는 사실을 토대로 한 실례야말로 청중의 생각을 명확하게 만들고 흥미를 느끼게 할 뿐 아니라, 설득까지 하는 가장 뛰어난 방법이다. 따라서 나는 중요한 논제를 증명할 때가 되면 적절하다고 판단되는 예들을 몇 가지 들어 설명한다."

그렇다면 '실례' 라는 훌륭한 재료를 어떻게 사용할지에 대한 방법을 배울 필요가 있을 것이다. 어떻게 하면 그 기술을 빨리 익힐 수 있을까?

첫째, 강한 인간미를 느낄 수 있도록 말한다. 한 번은 나의 강당에 모인 사람들에게 성격이 대조적인 두 사람을 알고 있으면 말해달라고 요구했다. 즉, 두 사람의 성공과 실패의 원인이 서로 다른 성격 때문이라고 판단되는 경우를 소개해달라고 한 것이다. 그런 이야기는 청중이 즐겁게 들을 뿐 아니라, 기억할 만한 점이 반드시 있기 때문이다.

그런데 그 실례를 말해준 사람은 자기 자신은 물론, 다른 사람들의 흥미를 끌어내는 데 유난히 소질이 없던 건축 사업을 하는 중년 남성이었다. 그는 대학 동창인 두 친구에 대해 이야기해주었다.

"A라는 친구는 절약하는 습관이 몸에 밴 사람이었는데, 동네 옷가게에서 여러 개의 와이셔츠를 구입해서는 어느 메이커의 상품이 세탁하는 데 가장 편하고 오래 입을 수 있는지에 대한 평가표를 작성할 정도였다. 그는 단돈 몇 푼을 쓰더라도 언제나 신중하게 생각한 다음 지출하곤 했다. 그런데 그는 자신을 과대평가하는 면이 적지 않았다. 그래서 졸업 무렵, 그는 다른 졸업생들처럼 말단부터 시작해 점점 승진해가는 과정을 받아들일 수 없었다. 그는 졸업 후 3년이 지나도록 와이셔츠 품질 검사표를 계속 만들고 있었다. 그뿐 아니라 자신을 단번에 출세시켜줄 수 있는 자리가 굴러 들어오기를 손꼽아 기다렸다. 그러나 그런 기적이 일어날 리 없었다. 졸업한 지 25년이 흐른 오늘날 그는 낮은 자리에 앉아 온갖 불평불만을 늘어놓고 있다.

반면, B라는 친구는 대인 관계가 원만할 뿐 아니라, 누구에게나 호감을 주는 사람이었다. 그도 사회적으로 출세하고 싶다는 욕망을 갖고 있었다. 그러나 졸업 후의 첫발은 건축 기사로 내딛었다. 그는 열심히 일하면서 기회가 찾아오기를 기다렸다. 때마침 뉴욕 세계박람회 준비가 한창이었고, 그는 쇼룸을 만들 기술자들이 필요하다는 사실을 알았다. 그는 즉시 필라델피아의 직장을 그만두고 뉴욕으로 달려갔다. 그는 박람회를 후원하는 가장 큰 회사의 담당자를 만나 공사 하청

업을 따냈으며, 작업을 성공적으로 마쳤다. 그는 박람회가 끝나자마자 그 회사에 연봉이 높은 직원으로 채용됐다.”

여기에서는 간단히 소개했는데, 실제로는 훨씬 재미있고 인간미가 넘치는 세심한 묘사가 돋보여 청중 모두가 그의 이야기를 즐겁게 들었다. 게다가 그들은 이 실례를 통해 열심히 사는 것이 얼마나 중요한지를 새삼스레 깨달을 수 있었다.

그런데 무엇보다 놀라웠던 것은 연설 시간이 10분 남짓 되었다는 점이다. 또한 내용이 무척 재미있어서 10분도 짧게만 느껴졌다. 그는 이전에 자신이 연설할 차례에서 3분을 넘긴 적이 없었던 사람이었다. 그러던 그가 한 번도 더듬지 않고 이야기를 한 것이다. 더욱이 청중의 마음까지 사로잡았다는 사실을 알게 된 그는 자신도 믿을 수 없다는 듯 눈만 껌벅거렸다.

이 사람의 연설에서 무엇을 깨달았는가? 세상에 흔히 있는 사실을 말하더라도 인간미 넘치는 일화를 덧붙인다면, 사람의 감정에 호소할 수 있어 더 큰 효과를 얻는다는 점이 아닐까? 그런데 인간미 넘치는 이야기는 바로 말하는 사람 자신의 환경과 체험에서 우러나온다. 이때 주의해야 할 일은 우월감에 취해 연설해서는 안 된다는 것이다. 이 점만 조심한다면 청중은 오히려 개인적인 이야기에 더 큰 흥미를 느낀다. 이것이 청중의 관심을 더 많이 끌 수 있는 가장 확실한 방법이라는 사실을 잊지 말자.

둘째, 사람의 이름을 거론함으로써 설득력을 높인다. 연설 내용에 사람 이름이 등장하면 어떤 효과가 있을까? 무엇보다도 연설 내용을 자세히 구분할 수 있다. 또한 독특한 개성을 느끼게 될 뿐 아니라, 그 내용을 실제로 경험하고 있는 듯한 착각을 불러일으킨다. 그것이 가명이냐 실명이냐는 중요하지 않다. 따라서 연설할 때는 반드시 어떤 사람의 이름이나 인칭 대명사를 많이 사용하도록 노력해야 한다. 그 횟수가 많아질수록 청중의 마음을 사로잡을 수 있는 확률도 높아진다. 그들은 다른 사람의 낯선 이름을 들음으로써 호기심을 자극받고 연설에 관심을 기울인다.

셋째, 세부적인 묘사를 좀 더 정확하게 한다. 그럼 어떻게 해야 세부적인 묘사를 분명하면서도 치밀하게 할 수 있을까? 여러 방법이 있는데, 그중에서도 가장 좋은 것은 신문 기사를 쓸 때 사용하는 육하원칙이다. 즉, 이야기를 시작하기 전에 한 번쯤은 스스로에게 "누가, 언제, 어디서, 무엇을, 어떻게, 왜 하는가?"라는 질문을 던지고 대답한다. 사례를 들 때마다 이 방식을 사용한다면, 그 이야기는 싱싱한 생명력과 현란한 색채감을 갖추게 되어 활력이 넘칠 것이다. 그러나 지나치게 장황하면 오히려 나쁜 결과를 낳을 수 있다. 즉, 어떤 의미도 찾아볼 수 없고 아무 관계도 없는 사항을 길게 늘어놓는다고 상상해보라. 누구라도 곧 지루해할 것이다.

넷째, 대화를 넣음으로써 연설을 극적으로 만든다. 대화를 효과적으로 이용해 화난 사람을 진정시킨 예를 살펴보자. 먼저 이야기의 진행 방법이 덜 다듬어진 경우이다.

"한 남자가 우리 가게에 들어왔습니다. 그는 지난주에 구입한 전기 제품이 잘 가동되지 않는다며 잔뜩 화가 나 있었습니다. 나는 고장 난 부분에 대해서는 앞으로 1년 동안 애프터서비스를 해드린다고 말했지요. 그러자 그는 잠시 후 화를 좀 누그러뜨리더군요. 우리가 최선을 다해 고장을 수리해줄 마음이 있다는 사실을 알고 안심한 것입니다."

이 말은 제법 명확한 표현을 사용하고 있다. 그러나 등장인물의 이름이 빠졌고, 자세히 묘사하려고 노력한 흔적이 보이지 않는다. 또한 사건을 생동감 있게 만드는 대화가 없어서 전체적으로 맥이 빠진 느낌이 든다. 따라서 부족한 점을 적당히 보완하면 다음과 같이 될 것이다.

"지난주 화요일이었습니다. 가게 문이 곧 부서질 것처럼 시끄러운 소리를 내며 열리기에 쳐다보았지요. 문 앞에는 우리 가게의 단골손님인 이수남 씨가 서 있었습니다. 그는 제가 의자를 권할 틈도 주지 않은 채 '규종군, 이제 우리 거래는 끝났네' 라고 말하더군요. 그는 또한 '지금 당장 우리 집에 있는 세탁기를 실어 가!' 라고 소리를 질렀습니다. 저는 무슨 영문인지 몰라 왜 그러느냐고 물어보았습니다. 그런데 그는 제 질문이 끝나기도 전에 큰 소리로 대답했지요.
'세탁물이 휘감겨서 옷을 몽땅 버렸단 말일세! 집사람은 잔뜩 화가

나서 나에게 분풀이까지 했단 말이야. 자네, 그걸 기계라고 팔았나?'

나는 그에게 마음을 좀 가라앉히고 더 자세히 설명해달라고 말했습니다.

'설명이고 뭐고, 이런 데서 세탁기를 안 샀으면 이런 일도 없었을 텐데……. 아주 후회스러울 뿐이야. 이것은 거짓말이 아냐. 이제 두 번 다시 여기서 아무것도 사지 않겠네!'

그는 손으로 책상을 내리쳤습니다. 저는 차분한 목소리로 그를 달랬습니다.

'이수남 씨, 단 1분 동안만이라도 앉아서 이야기를 해보지요. 내가 할 수 있는 일이라면 뭐든지 다 해드릴 테니까요. 당신이 원한다면 맹세라도 하겠어요.'

그는 겨우 마음을 가라앉혔고, 드디어 우리는 타협점을 찾을 수 있게 되어 사건은 마무리되었습니다.”

연설을 하면서 늘 대화를 끼워 넣을 수는 없다. 그러나 위에서 알 수 있듯이 직접화법을 적절히 사용하면 극적 효과를 충분히 얻을 수 있다. 특히 연설자가 사람의 다양한 목소리를 흉내 낼 수 있는 재주를 가졌다면, 이 화법의 효과는 더욱 커진다. 즉, 사람들이 흔히 하는 일상적인 대화 같은 느낌을 주어 그 내용을 더욱 빠르게 이해할 수 있는 것이다.

다섯째, 태도와 얼굴 표정을 이용해 연설을 시각화한다. 자세한 내용을 갖춘 연설을 더욱 효과적으로 하려면 어떤 방법을 사용하는 것이 좋을까? 이는 매우 간단하다. 마치 눈으로 보는 것처럼 표현하는 것이다.

예를 들어, 테니스 치는 방법을 몇 시간째 강의하고 있다고 해보자. 가르치는 사람은 신바람이 날지 몰라도 듣는 사람들은 하품을 간신히 참느라 몸이 뒤틀릴 것이다. 이 방법보다는 테니스 코트에 나가서 라켓으로 공을 때리고 받는 동작을 연습시키는 것이 더욱 즐겁고 유익하다. 수강생들은 눈을 빛내며 강사의 동작 하나하나에 주목할 것이 분명하다.

4 친밀감 넘치는 구체적 어휘들을 사용한다

연설 내용을 쉽게 이해할 수 있도록 도우려면 연설자는 어떤 방법으로 말해야 할까? 무엇보다도 청중이 그때까지 들은 이야기를 머릿속에서 한 폭의 그림으로 그릴 수 있도록 매우 구체적이고 친밀감 넘치는 어휘를 선택해야 한다. 만일 당신이 상징적이고 추상적인 낱말이나 어휘를 많이 사용한다면 청중은 자장가를 듣는 듯 잠에 빠져들 것이다.

하버드 스펜서는 《물체의 철학》이라는 수필을 통해 더욱 선명한 영상을 불러일으키는 말의 뛰어난 능력을 다음과 같이 지적했다.

"사람이 어떤 사물을 보고 생각할 때는 일반 개념이 아닌, 특수 개념을 사용한다. 그러므로 다음과 같은 문장은 피해야 한다. '한 국가의 풍습이나 관습, 오락 등이 잔혹하고 야만스러울수록 그 형벌의 규칙도 가혹하다.' 이 문장보다 다음처럼 쓰는 것이 더욱 좋다. '한 나라의 국민이 전쟁이나 투우 같은 싸움을 즐기면 즐길수록 그들은 교수형, 담금질, 고문 같은 가혹한 방법으로 사람을 벌하게 될 것이다.'"

윌리엄 스트렁크 주니어는 저서 《문체의 요소들》에서 다음과 같이 말했다.

"문장의 기교를 배운 사람들의 공통점은 독자들의 주의력을 환기시키기 위해 최선의 노력을 다한다는 것이다. 즉, 더욱 세밀하고 명확하게 묘사하며 구체적으로 기록한다. 인류가 낳은 영원한 작가인 호머, 단테, 셰익스피어 등은 이야기를 섬세하게 꾸려감으로써 세계 독자들을 설득할 수 있었다."

이것은 글을 쓸 때뿐 아니라, 연설을 할 때도 적용할 수 있는 훌륭한 방법이다.

연설에 생명을 불어넣는다

광장에서 A, B, C 세 사람이 군중을 향해 자기 주장을 펴고 있었다. A는 가톨릭 신자로, 교황의 역할과 품위를 소리 높여 예찬했다. B는 열렬한 사회주의자였기 때문에 칼 마르크스 이론의 장점을 큰 소리로 설명했다. C는 일부다처제의 정당성과 타당성에 대해 심각하게 역설했다.

이 세 사람 주위에는 청중이 서 있었다. 그런데 A와 B에 비해 C의 주장에 귀 기울이는 청중의 수가 별로 많지 않았다. 열 손가락으로 셀 수 있을 정도의 사람들이 무표정한 얼굴로 듣고 있을 뿐이었다. 그러나 A와 B의 이야기를 경청하는 사람은 점점 늘어만 갔다. 왜 그런 것일까? A와 B의 주장 내용이 독특하기 때문일까? 아니다. 그것은 절대 이유가 될 수 없었다. C의 연설이 사람들의 주의를 끌지 못한 이유는 무엇보다도 C 자신에게 있었다. C는 여러 명의 아내를 가짐으로써 얻을 수 있는 이익에 대해 말하고 있었다. 그러나 정작 자신은 그 주제에 큰 흥미를 느끼지 못하는 것처럼 보였다. 그러니 그의 말에 다른 사람을 설득할 만한 힘이 부족한 것은 당연했다.

그에 비해 A와 B는 정열적인 모습으로 연설을 했다. 두 사람의 말에는 활기찬 기운이 넘쳐흘렀고, 주위 사람들은 그것에 흠뻑 빠져 있었다. 또한 그들은 자기 연설에 스스로 도취된 나머지 두 손을 들어 크게 흔들기도 했다. 그뿐 아니라 그들의 목소리는 확신에 차 있었고, 얼굴은 진지한 마음을 드러내는 것처럼 밝게 빛났다. 청중이 두 사람의 연설에 매혹된 이유는 이런 요인들 때문이었다.

이 예에서 알 수 있듯이 힘찬 활력, 지칠 줄 모르는 생동감, 뜨거운 의지 등은 말하는 사람이 반드시 갖춰야 할 필수 조건이다. 그렇다면 청중의 주의력을 집중시킬 수 있는 기운찬 연설을 위해서는 어떤 자세를 갖춰야 할까? 지금부터는 열기와 의지, 자신감 등을 연설에 포함할 수 있는 몇 가지 방법을 소개하겠다.

1 스스로 진실이라고 생각해왔던 것을 주제로 정한다

말하는 사람이 자기 생각을 확신에 찬 목소리로 말할 때 반드시 지지자가 생기게 마련이다. 더욱이 그 내용이 건전한 상식과 참된 진실을 밑받침으로 하고 있다면, 그의 연설은 굉장히 큰 설득력을 갖게 된다. 그러나 많은 사람들은 자신이 선택한 이야기를 청중이 재미있게 들어줄지에 대한 고민부터 앞세운다. 하지만 이 문제는 크게 걱정할 필요가 없다. 말하는 사람의 마음속에 청중의 흥미를 끌어 모으고 싶은 욕망이 크게 자리 잡고 있다면, 모든 정성과 노력을 바쳐 열정적으로 이야기할 수 있도록 애쓸 것이기 때문이다.

하나의 예로, 볼티모어의 한 강연장에서 어떤 젊은이가 현재의 어획법에 따라 체서피크 만에서 서식하는 특별한 종류의 물고기를 잡는다면 몇 년 지나지 않아 그 물고기는 멸종하고 말 것이라고 경고했다. 이 문제를 많은 사람들에게 알리는 것이 무척 중요하다고 생각했던 그 젊은이는 자기 의견을 말하는 데 매우 열중해 있었고, 또 열정적이었다. 그런 의지는 그의 태도나 말투에서 숨김없이 드러났다. 그의 연설을 듣기 전까지만 해도 청중 대부분이 그런 물고기가 체서피크 만에 살고 있다는 사실조차 몰랐다. 그런데 놀랍게도 대부분의 청중이 그의 연설이 끝나기도 전에 이 물고기를 법으로 보호하도록 요구하는 청원서에 서명할 생각을 갖게 되었다.

이탈리아 대사를 역임했던 리처드 워시번 차일드는 많은 독자들의 흥미를 충족시키는 저술가였다. 그는 훌륭한 저술가로 일찍 성공한 비결이 무엇이냐는 질문에 이렇게 대답했다.

"인생이 너무 놀랍고 신비로워서 입을 다물고 있을 수가 없습니다. 나는 어떻게 해서든, 어떤 방법을 동원해서든 이 점을 많은 사람들에게 널리 알리고 싶을 뿐입니다."

이런 자세를 가진 저술가나 말하는 사람에게는 누구나 반하지 않을 수 없다.

이 방법과 함께 이야기의 주제를 잘 선택하는 것도 매우 중요하다. 여기 적절한 실례가 있다.

어느 해인가, 워싱턴에서 개최된 내 강좌에 말쑥한 신사인 E씨가 참가했다. 어느 날 E씨는 미국의 수도 워싱턴을 연설 주제로 삼았다. 그는 연설을 준비하기 위해 여러 신문사에서 펴낸 팸플릿을 모아 필요한 자료들을 정리했다. 그는 청중 앞에서 준비해온 메모를 거의 그대로 읽어나갔다. 그러니 목소리도 딱딱할 수밖에 없었다. 게다가 연설 내용도 앞뒤가 잘 맞지 않았으며, 자료들을 자기 것으로 소화하지도 못한 상태였다.

E씨는 6년째 워싱턴에서 살고 있었다. 그가 워싱턴을 주제로 연설

할 계획을 세우면서 자기 경험을 바탕으로 이곳이 무엇 때문에 좋은 지를 설명하려는 생각은 한 번도 하지 않았을까? 아무튼 그는 자기 체험에서 우러나온 느낌이나 실례를 하나도 들지 않았다. 처음부터 끝까지 누구나 알고 있는 사실들을 열거했을 뿐이다. E씨 자신은 어떤 감정이었는지 알 수 없지만, 청중은 지루하고 따분해서 괴로울 지경이었다.

그로부터 2주일 후 예상치 못했던 사건이 E씨에게 충격을 안겨주었다. 그것은 부주의한 운전자가 길가에 세워둔 E씨의 차를 들이받은 일이었다. 게다가 사고를 낸 운전자는 사과 한 마디 없이 뺑소니를 쳐버렸다. E씨는 보험금도 탈 수 없었고, 모든 수리비를 자기 돈으로 해결해야 했다. 이것은 그가 지금까지 경험한 것 가운데 가장 불쾌한 일이었다. 그는 평생 동안 이 사건을 잊지 못할 것이라고 주위 사람들에게 말했다. 특히 E씨는 두 번째 연설에서 이 내용을 주제로 삼겠다고 밝혔다.

그는 비유를 섞어가면서 앞뒤가 찌그러진 자동차 사건을 청중에게 고백했다. 그는 마치 잠자고 있던 화산이 활동을 시작했을 때처럼 아무도 막을 수 없는 열변을 토해냈다. 2주일 전에는 어서 빨리 끝내주었으면 하고 간절히 바라던 청중도 이번에는 마음속에서 우러나온 뜨거운 박수로 그를 격려했다.

그리고 연설의 주제를 어느 한 면에 국한한다면 효과는 더욱 확실해

질 것이다. 그러므로 말하는 사람은 늘 스스로 믿어 의심치 않는 것들을 이야기해야 한다. 이것은 결코 어려운 일이 아니다.

참고로, 오늘날 인류 역사에 길이 남을 것이라고 평가받는 연설들이 가지는 공통된 힘이 무엇이라고 생각하는가? 이런 연설들은 모두 강한 신념과 깊은 감동을 바탕으로 청중을 울리거나 웃긴다는 공통점을 지닌다. 즉, 그 연설들은 한결같이 사람의 정서에 호소하고 있는 것이다. 일찍이 파스칼은 "마음은 이성이 모르는 이성을 내포하고 있다"고 말했다. 파스칼이 날카로운 성찰의 시각으로 파악한 이 진실함이 여러 상황으로 증명되고 있는 사실을 깨달을 수 있을 것이다.

그러나 강한 신념과 자신감을 가지라고 아무리 소리 높여 외쳐도 소용없는 때가 있다. 자기 자신에게서 그런 것을 찾아볼 수 없다고 미리 단정 짓는 사람들이 그런 경우이다. 하지만 포기하기에는 이르다. 이때 가장 중요한 점은 어떤 일에든 흥미를 느껴보는 것이다.

참고로, 어느 한 사람이 있었는데 그는 호기심을 잠재우며 생활하는데 익숙했다. 그런 그에게 비둘기에 관심을 가져보라고 권하면서, 비둘기에게 모이를 준다거나 도서관에 가서 비둘기 관련 서적을 읽어보면 좋을 것이라고 말했다. 얼마 후 그는 정말 비둘기 애호가가 되어 있었다. 그가 비둘기에 대해 말하는 것을 어느 누구도 막을 수 없을 정도였다.

마지막으로, 주제로 정하고 싶은 것이 있을 때는 그것에 대해 폭 넓게 공부해서 더 많이 배워야 한다. 어떤 사물이나 현상에 대해 많이 알기 위해서는 온 힘을 다해 노력하는 자세가 필요하다. 《판매의 5가지 원칙》의 저자인 파시 H. 파이팅은 취급 제품에 대해 더 잘 알기 위해서는 끊임없이 공부해야 한다면서 다음과 같이 말했다.

"좋은 제품에 대해 많이 알수록 그 제품에 더 강한 애정을 쏟는다."

이 말은 연설이나 대화에도 적용된다. 연설 주제에 대해 많은 것을 알수록 연설이나 대화를 한층 더 진지하게 생각할 뿐 아니라, 모든 정열을 불태우게 된다.

2 사건에 대해 느꼈던 감정을 되살려서 말한다

"어느 날 나는 자동차로 고속도로를 달리다가 제한 속도를 어겼다. 나는 꼭 3킬로미터를 과속했는데 순찰대원은 조금도 봐주려고 하지 않았다. 결국 나는 교통법규 위반 스티커를 떼고 벌금을 물어야 했다."

어떤 사람은 이렇게 방관자처럼 냉정하고 무관심하게 청중에게 말할 수도 있다. 그러나 실제로 겪은 일인 만큼 더욱 명확한 말로 자세히 표현할 수 있을 것이다. 만일 제3자의 입장에서 말한다면 청중은 큰 인상이나 느낌을 받지 못한다. 그들은 그 상황을 직접 겪은 사람의 감정이 어떠했는지가 더 궁금하기 때문이다.

사람들이 연극이나 영화를 구경하러 가는 이유는 아주 단순하다. 그들은 인생을 살면서 느끼는 여러 감정들이 배우들의 연기를 통해 어떻게 표현되고 있는지를 보고 듣기 위해 가는 것이다. 즉, 어느 때부터인가 우리는 다른 사람 앞에서 자신의 감정을 있는 그대로 드러내 놓는 일을 꺼리게 됐다. 그래서 우리 마음은 갖가지 스트레스로 멍들고 짓눌리며 답답한 감정들로 가득 찬다. 이처럼 괴로운 마음은 건강을 해치므로 그때그때 풀어주는 것이 가장 좋은 방법이다. 영화, 연극뿐 아니라 다른 여러 문화 환경과 접촉하는 것도 좋은 방법이다.

　정리하면, 많은 사람 앞에서 말할 경우 자신의 솔직한 감정을 숨김없이 드러내는 일이 무엇보다 중요하다. 말 속에 정직한 감정이 많으면 많을수록 그 이야기는 청중에게 큰 관심을 받기 때문이다. 즉, 말 속에 솔직한 감정을 담는 일은 말하는 사람이 얼마나 성실하고 진지한지를 청중에게 아낌없이 보여주는 또 하나의 훌륭한 방법인 것이다.

3 청중 앞에서는 열의가 있는 것처럼 행동한다

청중 앞으로 걸어 나갈 때는 마치 굉장히 즐거운 일이 기다리고 있다는 듯이 씩씩한 태도를 보여야 한다. 이런 활발하고 힘찬 발걸음은 전혀 예상하지 못했던 기적을 만들어주기도 한다. 다시 말해, 말하는 사람은 한 명의 지휘자인 셈이다. 따라서 이제부터는 청중에게 유익한 무엇인가를 말해야 하며, 자신의 행동이나 몸짓 하나하나는 청중이 그 내용을 명확하게 이해하는 데 도움을 주어야 한다. 윌리엄 제임스는 늘 입버릇처럼 "열의가 있는 것처럼 행동해야 한다. 그러면 자연히 모든 행동에 열의를 갖게 된다"고 말했다. 이 말처럼 우리 모두는 스스로 시작한 일에 깊은 관심을 쏟아야 한다. 관심이 없는 경우에도 큰 관심을 갖고 있는 것처럼 억지로라도 꾸며보는 노력이 필요하다.

청중과 말을 주고받는다

당신은 하나의 주제를 갖고 몇 년이나 연설할 수 있다고 생각하는가?
어떤 사람이 동일한 제목으로 수천 번 강연했다고 하면 당신은 아마 거
짓말이라고 생각할 것이다. 하지만 그것은 틀림없는 사실이다. 러셀 콘
웰이 바로 그 주인공이다. 그는 자신의 대표적인 연설이 된 〈다이아몬
드의 땅〉을 6000회 정도 강연했다.

그런데 어쩌면 당신은 이렇게 많이 되풀이한 이야기라면 판에 박힌,
그렇고 그런 내용이라고 판단할지도 모른다. 그러나 콘웰 박사는 결코
이런 진부한 방법을 답습하지 않았다. 그는 연설 장소에 모인 청중의 취
향이 지역마다 제각각이라는 사실을 일찍이 깨달았던 것이다. 따라서
연설을 준비하는 단계에서만이 아니라 연설 중에도 그 장소에 앉아 있
는 청중의 취향에 알맞고 이익이 될 만한 이야기를 찾아내려고 노력했
다. 또한 청중 개개인이 마치 그 연설이 자기 자신을 위해 마련됐다는

느낌을 받을 수 있도록 세밀한 부분까지 신경 썼다. 그는 자신의 경험담을 이렇게 적고 있다.

"강연을 할 지방에 도착하면 가장 먼저 하는 일이 있다. 그것은 연설을 준비하는 과정 가운데 하나인데, 그곳의 우체국장이나 이발소 주인, 호텔 지배인, 학교의 교장, 운전기사 등 각계각층의 사람들과 만나 이야기를 나누는 것이다. 또한 근처의 슈퍼마켓에 들어가 쇼핑하는 사람들과 대화하면서 그들의 신변 문제나 애로 사항을 파악한다. 이런 기회를 마련함으로써 나는 그 지방에 관계되는 좀 더 유용한 연설을 할 수 있다."

이처럼 콘웰 박사는 의견이 전달되고 안 되고는 말하는 사람이 듣는 사람의 처지가 되어 고개를 끄덕일 수 있는 내용을 담았느냐 안 담았느냐에 달려 있다는 사실을 깨달았던 것이다. 즉, 그는 연설 현장에 모인 청중의 속성을 예리한 통찰력으로 파악함으로써 똑같은 강연을 단 한 번도 한 적이 없었다.

그렇다면 말하는 사람과 청중 사이를 강하게 화합시켜줄 비결은 무엇일까? 이에 대한 몇 가지 효과적인 방법을 소개하겠다. 이 방법을 터득하면 당신의 연설도 오랫동안 살아남을 것이다.

청중이 평소 관심을 보이는 내용을 준비한다

언제나 듣는 사람의 처지가 되어 그들이 관심을 기울일 만한 내용이 무엇인지를 곰곰이 분석하는 자세를 길러야 한다. 앞에서도 잠깐 언급했지만, 이 방법은 콘웰 박사도 즐겨 사용했다. 그는 마치 정해진 규칙처럼, 그 지방에서 주로 사용하는 표현들을 연설 내용에 실례로 넣는 일을 잊지 않았다. 그 결과 청중은 자연히 자신들의 문제를 정확히 알고 있는 콘웰 박사의 연설에 귀 기울일 수밖에 없었다.

또 하나, 당신의 직업도 청중의 관심을 끌 수 있는 좋은 소재가 된다. 즉, 당신의 직업을 이용해 청중에게 직접적인 이익을 줄 수 있는 말을 연설 내용에 담는 것이다. 예를 들어, 당신이 변호사라면 "지금부터 유언장을 작성하는 방법을 알려 드리겠습니다"라고 운을 뗀다. 그럼 청중은 반드시 흥미를 느끼고 진지한 표정이 될 것이다. 그러니 당신은 자기 머릿속에 쌓아놓은 특별한 지식들을 적극 활용해야 한다. 유익한 정보를 제공받은 청중은 당신을 유능한 연설가로 확신하게 되고, 그럼 다른 사람까지 데리고 연설장에 나타날 것이다.

다음은 잡지 〈아메리카 매거진〉에서 한 섹션을 담당하고 있던 존 시틀이 들려준 이야기다.

"사람은 본래 이기적인 성격을 갖고 있습니다. 그래서 자기 자신과 관계있는 일에만 흥미를 갖기 마련이지요. 철도를 국가에서 관리해야 하는지 어떤지에 대해서는 아무런 흥미도 보이지 않습니다. 그보다는 어떻게 하면 출세할 수 있는가, 건강을 유지하려면 어떤 운동을 하는 것이 좋은가를 알고 싶어 할 뿐입니다. 그래서 하는 말인데, 내가 만일 이 잡지의 편집장이라면 내용을 바꿔보겠습니다. 즉, 치아 치료법이나 여름을 시원하게 보내는 법, 고용인을 잘 다루는 법, 집을 빨리 사는 법, 오래 기억하는 법 등을 기사로 싣는 거지요. 사람들은 너나없이 그런 이야기에 귀를 솔깃해하고 재미를 느끼니까요. 또 하나, 기자들에게 부자를 찾아가 그들이 어떻게 백만장자가 됐는지를 취재하라고 시키겠습니다. 유명한 은행가나 여러 회사의 사장들이 어떻게 평사원에서 그 자리까지 오르게 되었는지도 취재해야겠지요."

그 후 얼마 지나지 않아 시틀은 그 잡지의 편집장이 됐다. 당시 그 잡지의 발행 부수는 10만 부를 조금 넘었다. 그런데 시틀이 생각하고 기획했던 내용들을 기사로 싣자 정말 놀라운 반응이 나타났다. 잡지는 매달 완판됐을 뿐 아니라, 발행 부수도 20만, 30만, 40만 부로 점점 늘어갔다. 1년쯤 지나자 잡지는 100만 명 이상의 고정 독자를 확보하게 됐고, 또 금방 200만 명으로 확대됐다.

이렇게 시틀처럼 대중의 관심을 충족시켜 줄 주제를 성의 있게 준비했다면, 이제는 청중이 당신의 연설을 듣고 싶어 한다는 생각을 스스로에게 주지시켜야 한다.

2 연설 내용을 성의 있게 준비하고 말한다

위대한 연설가 촌시 M. 데퓨는 이렇게 말했다.

"청중과 관계있는 일들을 잘 알아본다. 그리고 그중에서 한 가지를 선택해서 말한다. 그들은 연설자가 알고 있으리라고는 상상조차 하지 못했던 자신들의 일이 연설 내용 중에 포함되어 있다는 사실을 깨닫고 깜짝 놀랄 것이다."

예를 들어보자. 어떤 사람이 볼티모어의 키와니스 클럽에서 연설할 기회가 있었다. 그는 이 클럽의 볼티모어 지부 회원 등록부를 살펴봤다. 그가 알 만한 인물은 국제 본부 회장을 역임한 사람과 현재 국제 본부의 이사를 맡고 있는 사람뿐이었다. 그래서 그는 조금 색다른 연설 방법을 생각해냈다. 그의 연설은 다음과 같은 말로 시작됐다.

"키와니스 클럽의 볼티모어 지부는 10만1898개의 클럽 가운데 하나입니다."

청중은 모두 귀를 곤두세웠다. 그들은 이 사람이 무엇을 잘못 알고 있는 것이 분명하다고 생각했다. 왜냐하면 키와니스 클럽은 전 세계 지부를 전부 합쳐도 2987개에 불과했기 때문이다. 그들의 어이없어 하는 표정과 상관없이 연설자는 다시 입을 열었다.

"이것은 확실합니다. 여러분이 믿든 안 믿든 이 클럽은 수학적으로 말해 분명히 10만1898개 가운데 하나입니다. 10만 가운데 하나, 또는 20만 가운데 하나라는 뜻이 아니고 정확히 말해 10만1898개 가운데 하나인 것입니다. 여러분은 이런 숫자가 왜 나왔는지 궁금하겠지요. 그 이유는 간단합니다. 볼티모어의 키와니스 클럽에는 국제 본부의 회장을 지내신 분과 현재 국제 본부의 이사를 맡고 있는 분이 계십니다. 수학적으로 따져볼 때, 국제 본부의 회장과 현재 이사가 동시에 재적할 확률은 10만1898분의 일이기 때문입니다. 이 숫자에는 조금의 오차도 없다고 확신합니다. 존스 홉킨스라는 수학 박사에게 의뢰해 이 숫자를 알아냈기 때문입니다."

이 사람은 최선을 다해 100퍼센트 정확한 숫자를 알아낸 후 자신의 연설 첫 부분에 그 내용을 넣은 것이다. 이와 같은 성의 있는 태도에 회원들은 호감을 느꼈고, 연설에 감동받을 수 있었다.

또 한 가지 주의할 일은 연설 첫머리에 "높은 교양을 갖고 계신 청중 여러분을 만나 뵙게 되어……" 또는 "저는 여러분 한 사람 한 사람에게 깊은 애정을 느낍니다" 등의 말을 해서는 안 된다는 것이다. 마음에서 우러나온 말이 아니고서는 청중의 환심을 결코 살 수 없기 때문이다.

연설을 시작하고 첫 무렵에 청중과 공통적으로 인식할 수 있는 내용을 분명히 밝히도록 한다. 이는 청중이 당신에게 더욱 빨리 친밀감을 느낄 수 있도록 만드는 중요한 요소이다. 만일 당신이 한두 달 전에 연설을 부탁받았다면 아주 작은 것이라도 공통점을 찾기 위해 노력해야 한다.

해럴드 맥밀런이 영국 수상이었을 때의 일이다. 그는 미국 인디애나 주 그린캐슬의 디포대학 졸업식장에서 축사를 하게 됐다. 그는 약 4개월 전에 이 일을 부탁받고 흔쾌히 승낙했다. 그는 연설을 시작하자마자 다음과 같은 말을 함으로써 청중의 마음을 사로잡는 데 성공했다.

"여러분의 따뜻한 환영을 진정으로 고맙게 받아들이겠습니다. 영국의 수상이 디포대학의 초청을 받는 일은 흔한 경우가 아닐 것입니다. 여러분께서 저를 이곳에 초청해준 이유가 단지 제가 영국의 현직 수상이기 때문이라고는 생각하지 않습니다."

곧이어 맥밀런은 그의 어머니가 인디애나에서 출생한 미국인이며, 증조 외할아버지는 디포대학 제1기 졸업생이었다고 덧붙였다. 그는 10분 정도 연설을 했으며 감개무량한 표정으로 다음과 같이 말하면서 연설을 끝마쳤다.

"저는 제가 디포대학과 밀접한 관계에 있다는 사실을 오늘 이 기회를 통해 확실히 깨달았습니다. 제가 오랜 가문의 전통을 이어받을 수 있도록 도와주신 여러분께 다시 한 번 마음에서 우러나온 감사의 뜻을 전하고 싶습니다."

당신과 청중 사이에 의사소통의 길을 여는 또 하나의 방법이 있다. 그것은 청중 속에 있는 사람들의 이름을 부르는 것이다.

한 예로, 어느 만찬회에서 그날의 주빈인 어떤 사람 옆에 앉게 되었다. 그는 그 자리에 참석한 다른 사람들에게 많은 호기심을 갖고 있었다. 식사를 하는 동안에도 맞은편에 앉아 있는 갈색 양복을 입은 사람이 누구이며, 꽃장식이 달린 모자를 쓴 부인의 이름이 어떻게 되느냐고 쉴 새 없이 사회자에게 물었다. 그의 호기심이 무엇 때문이었는지는 금방 밝혀졌다. 그는 그동안 외운 사람들의 이름을 자신의 이야기 속에 아주 적절히 대입시켰던 것이다.

이름이 불린 사람들은 얼굴 가득히 웃음을 띠었다. 그의 간단한 대화 기술 덕에 그 자리는 처음부터 끝까지 화기애애했다. 그리고 그와 청중 사이에 따뜻한 우정이 싹텄다는 것을 누구나 느낄 수 있었다.

그렇다면 청중의 관심을 가장 잘 끌 수 있는 방법은 무엇일까? 그것은 연설할 때 청중을 가리킬 일이 생기면 삼인칭 대명사보다 이인칭 대명사 '당신'을 사용하면 된다. 이 방법은 청중이 자기 존재를 늘 인식하고 있도록 만들기 때문에 연설장은 한층 더 팽팽한 긴장감 속에 놓인다.

그러나 '당신'이란 말을 잘못 쓰면 부작용이 나타나기도 한다. 즉, 비교적 높은 지위에 있는 사람이 청중에게 '당신'이나 '여러분'이라는 말을 쓰면 청중은 열등감을 느끼게 되고 강의에 귀를 기울이지 않는다. 그러므로 '당신', '여러분'이라는 호칭을 모두 사용할 수 있는 경우에는 '우리'라는 대명사를 대신 사용하는 것이 훨씬 무난하다.

미국의학협회의 보건교육부장을 역임한 W. 바우어 박사는 라디오나 텔레비전에 출연해 이야기할 때 이 방법을 자주 사용한다.

"좋은 의사를 선택하려면 우리가 어떻게 해야 좋은지 알고 싶지 않습니까? 또한 우리가 의사에게서 최선의 진단을 받으려면 어떻게 해야 할까요? 우리가 먼저 좋은 환자가 되어보는 것도 훌륭한 방법이 아닐까요? 그렇다면 우리가 무엇을 어떻게 해야 올바른 방법이라고 말할 수 있을까요?"

4 청중을 사업 파트너로 생각한다

연설자와 청중 사이에 벽이 가로놓여 있는 경우가 종종 있다. 이때 어떤 방법을 사용해야 그 벽이 빨리 허물어질까? 이와 관련해 경험이 많은 연설가들이 공통적으로 내세우는 방법은 바로 '한몫 거들게 하라'이다. 즉, 연설 내용 가운데 어떤 점을 크게 강조하거나 표현할 때 극적인 새로움을 원한다면, 청중 가운데 누군가에게 단역 배우의 역할을 맡겨보는 것이다. 이 방법을 사용하면 청중의 주의력은 눈에 띄게 높아진다.

예를 들어 살펴보자. 브레이크를 밟은 뒤 차가 멈출 때까지는 어느 정도의 거리가 필요한지를 설명하는 강연이 있었다. 강사는 청중 가운데 가장 앞줄에 앉아 있던 사람에게 그 실험을 직접 해볼 수 있도록 도와달라고 부탁했다. 부탁을 받은 사람은 줄자의 끝을 쥐고 그가 멈추라고 할 때까지 걸어갔다. 여기에서 실험 결과가 어떻게 나왔는지는 중요하지 않다. 그 줄자는 정확한 실험을 하기 위한 도구이며, 청중과 마음을 이어주는 구실을 하는 것이다. 이런 작은 무대 연출이 강연을 더욱 진지하고 생동감 있게 이끌 것이라는 점은 두말 할 나위 없다.

만일 이런 도구가 없다면 청중에게 질문을 해서 대답하도록 하는 방법이 있고, 청중 가운데 한 명을 일으켜 세워 당신의 말을 따라하도록 시키는 방법도 있다.

파시 H. 파이팅은 그의 저서 《유머가 있는 문장을 쓰는 법과 말하는 법》에서 다음처럼 충고하고 있다.

"청중이 올바른 생각을 할 수 있도록 유도하라. 연설은 내용을 외워서 하는 것이 아니라, 청중의 반응을 불러일으키는 것이 목적이다. 따라서 청중으로 하여금 연설이란 연설자와 함께 올바른 생각을 해서 문제를 풀어나가는 과정이라는 의미를 깨닫도록 유도해야 한다. 다시 한 번 설명하자면, 말하는 사람과 듣는 사람은 공동으로 사업을 추진하는 훌륭한 파트너라는 인식을 가져야 하는 것이다."

따라서 당신도 청중에게 공동 경영권을 거리낌 없이 내주도록 늘 노력해야 한다.

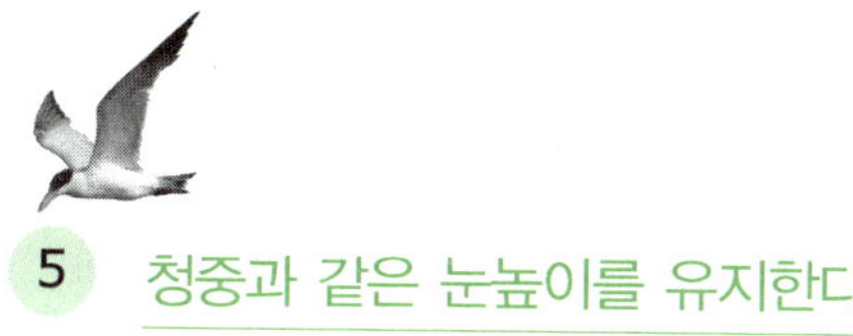

5 청중과 같은 눈높이를 유지한다

청중에게 사랑받는 연설가가 되려면 어떻게 하는 것이 바람직할까? 이것은 무엇보다도 당신의 태도에 달려 있다. 만일 당신이 청중에게 겸손한 모습을 보여준다면 이와 같은 바람은 곧 이루어진다.

에드먼스 S. 마스키는 메인 주 상원의원이었다. 그는 보스턴의 미국 법조회의에서 연설할 때 이 방법을 아주 훌륭하게 사용해 좋은 반응을 얻었다.

"오늘 아침, 저는 이 회의에서 연설을 해야 한다는 의무 때문에 여러 난처한 감정을 맛봤습니다. 그 이유는 첫째, 여러분은 한결같이 전문 자격증을 갖고 계시기 때문입니다. 그런 고명하신 여러분 앞에서 제 지식의 빈약함을 드러내 보이는 것이 현명한 일이지 판단이 서지 않았습니다. 둘째, 이 모임이 조찬회이기 때문입니다. 이 시간은 사람들이 무방비 상태에 놓여 있지요. 그리고 셋째, 제가 이야기 주제를 잘 선택한 것인지 초조했기 때문입니다. 한편, 지금부터 제가 하는 이야기는 주민 사이에서 분분한 의견을 불러일으킬 것입니다. 이런 복잡한 문제들 때문에 이야기를 어디에서, 어떻게 시작해야 할지 쩔쩔매며 많은 고심을 했습니다."

다시 한 번 강조하지만, 청중 앞에서 우월감에 도취된 태도를 보이지 않도록 각별히 주의해야 한다. 청중의 심리란 매우 미묘해서, 이런 모습이 조금이라도 엿보이면 당장이라도 연설장을 떠나고 싶어 한다. 그러므로 당신이 최선을 다했다는 태도를 명확히 보여줬을 때 청중은 당신에게 호의와 존경의 뜻을 드러내 보일 것이다.

청중을 움직이게 하는 말을 사용한다

당신은 청중에게 어떤 목적으로 이야기를 하고 싶은 것인가? 이 질문에 당신은 여러 가지 이유를 말할 수 있다. 그런데 당신뿐 아니라 많은 사람들이 이야기하는 까닭을 분석해보면, 보통 다음의 네 가지 목적 가운데 하나에 속할 것이다. 즉, 다른 사람들이 어떤 행동을 할 수 있도록 설득할 것, 지식이나 정보를 제공할 것, 감명을 주고 잘 납득시킬 것, 즐거움을 느끼게 만들 것 등이다.

이와 같은 목적이 잘 드러난 것이 링컨의 연설들이다. 위에서 열거한 목적에 알맞은 내용들을 차례로 살펴보자.

첫째, 링컨이 변호사로서 배심원들에게 피고를 변호하는 말을 하는 것은 유리한 판결을 얻어내려는 목적에서이다. 그리고 정치 연설의 경우는 경쟁자보다 많은 표를 획득하기 위한 것이 목적이다. 이것을 말하는 목적 측면에서 표현하면, '어떤 행동을 할 수 있도록 설득할 것' 이라고 할 수 있다.

둘째, 일찍이 링컨은 바다에서 좌초한 배를 끄집어 올리는 장치를 발명했다. 이것으로 그는 특허까지 받았다. 그는 자신의 법률사무소 가까운 곳에 공장을 차려놓고 손수 그 장치의 모형을 만들었다. 어느 날 친구가 그 모형을 구경하러 왔다. 그는 전혀 귀찮아하지 않고 모형의 세부적인 명칭과 기능에 대해 자세히 설명해주었다. 이것은 바로 말하는 목적 가운데 '지식이나 정보를 제공할 것' 에 포함된다.

셋째, 링컨은 게티즈버그에서 연설을 했다. 그것은 오늘날 '귀중한 연설의 표본' 이라고 일컬어질 만큼 훌륭한 내용을 가득 담고 있다. 그리고 그는 두 차례의 대통령 취임 연설을 통해 국민에게 많은 갈채를 받았다. 또한 그는 헨리 클레이가 죽었을 때 그의 죽음을 진심으로 애도하는 추도사를 낭독하기도 했다. 이런 때 링컨의 연설은 국민에게 '감명을 주고 잘 납득시키는 것' 에 해당한다.

넷째, 링컨이 대통령에 선출되기 2년 전쯤의 일이다. 그는 전국 방방곡곡을 돌아다니며 유세를 했다. 이때 그가 목적으로 정했다고 할 수 있는 것은 청중으로 하여금 '즐거움을 느끼게 만들 것' 이다. 그런데 이 목적만큼은 잘 이루어지지 않았다. 사실 링컨은 통속적인 이야기를 잘 하지 못했다. 어떤 때는 그의 이야기를 들으러 오는 사람이 단 한 명도 없을 정도였다.

링컨은 마지막 네 번째 목적을 제외하고는 다른 모든 연설에서 주목할 만한 성공을 거두었다. 그뿐 아니라 그의 연설 가운데 몇 개는 감동적인 연설의 고전으로 남아 있다. 이처럼 그의 연설이 큰 성공을 거둘 수 있었던 이유는 무엇일까? 그것은 링컨이 자신이 말하고자 하는 목적을 잘 파악하고 있을 뿐 아니라, 그 목적을 이루는 방법도 잘 알고 있었기 때문이다.

이에 반해 연설을 하는 많은 사람들이 자신의 목적을 잘 이루지 못하고 있는 것 같다. 그 이유는 연설하기로 되어 있는 모임의 성격에 알맞게 자신의 목적을 조정할 줄 모르기 때문이다.

말하는 네 가지 목적 중 다른 사람으로 하여금 어떤 행동을 하도록 유도하는 연설의 경우, 연설을 구성하는 '마법의 공식' 이라는 것이 있다. '마법의 공식' 은 사실 특별히 복잡한 방법은 아니다. 그 원리를 간단히 설명하면 다음과 같다.

첫째, 연설 첫머리에 구체적인 실례를 든다. 즉, 청중에게 전하고 싶은 중요한 주제를 눈에 보이는 것처럼 제시할 수 있어야 한다.

둘째, 명확한 단어나 어휘를 사용함으로써 요점을 말한다. 즉, 청중에게 어떻게 해주었으면 좋겠다고 마음먹은 바를 정확히 전달한다.

이 두 가지가 잘 진행되었다면 셋째 방법으로, 그 이유를 말한다. 즉, 연설자가 시키는 대로 하면 어떤 이익을 얻을 수 있는지를 집중적으로 이야기하는 것이다. 이것은 스피드 시대인 현대에 가장 잘 어울리는 방법이라고 할 수 있다. 왜냐하면 청중은 무척 바쁘게 살아간다. 따라서 자신들에게 말하고 싶은 것이 있으면 요점을 명쾌하게 간추려서 한 번에 말해주기를 원한다. 또한 그들은 긴 주제가 하나의 짧은 말이나 문장으로 표현되는 것을 더 좋아한다. 그러므로 청중을 향해 말하는 사람은 쓸데없이 서두를 길게 늘어놓을 필요가 없는 것이다.

그렇다면 당신이 '마법의 공식'을 사용함으로써 얻을 수 있는 이점으로는 어떤 것들이 있는지 좀 더 구체적으로 알아보자.

무엇보다도 먼저 청중의 주의 집중을 유도함으로써 그들이 연설의 요점을 더욱 정확히 파악할 수 있도록 돕는다. 특히 짤막한 연설을 준비할 때 이 방법을 사용하면 매우 큰 효과를 거둘 수 있다. 왜냐하면 이것은 청중의 마음속에 긴장감을 심어주기 때문이다. 긴장감은 청중에게 무엇인가를 해달라고 요구한 후 그것을 성공시키는 데 큰 도움을 준다.

그렇지만 "여러분, 내가 여기에 온 것은 기부금을 받기 위해서입니다"라고 말해서는 아무런 도움도 받을 수 없다. 당신이 청중의 행동을 더욱 크게 유발하고 싶다면 구체적인 어떤 실화를 소개해야 한다. 구체적인 예로, 한 사회운동가가 〈아이들을 위한 UN의 호소〉라는 프로그램을 통해 시청자에게 더 많은 기부금을 얻어내려고 어떻게 실례를 소개하고 있는지 살펴보자.

"저는 그런 일을 또다시 하지 않게 해달라고 신께 기도합니다. 배고픈 아이들에게 한 알의 땅콩을 먹여주는 일을 다시는 하고 싶지 않을 만큼 쓰라린 기억이 또 있을까요? 지난 12월의 어느 날, 폭격을 받아 폐허가 된 아테네의 노동자 구역에서 벌어진 일을 여러분이 만약 볼 수만 있었다면……. 그때 저에게 남아 있는 것이라고는 한 통의 땅콩

밖에 없었습니다. 뚜껑을 열기도 전에 누더기를 걸친 수십 명의 아이들이 저에게 손을 벌렸습니다. 어린아이를 안은 어머니들은 필사적으로 사람들을 밀치며 저에게 다가와서는 굶은 자식들에게 땅콩 한 알을 먹여달라고 애원했지요. 저는 땅콩을 한 알 한 알 세듯이 집어 될 수 있는 한 많은 아이들에게 나눠주려고 애썼습니다. 제 주위에는 뼈와 가죽뿐인 몇백 개의 작은 손들이 떨고 있었습니다. 마침내 땅콩이 떨어지자 몇백 개의 작은 눈에서 희미하게 타오르던 희망의 불꽃마저 꺼져 갔습니다. 저는 텅 빈 깡통을 한 손에 들고 멍청하게 서 있을 수밖에 없었지요. 저는 여러분에게 그런 비참한 일이 일어나지 않기를 간절하게 바랄 뿐입니다.”

‘마법의 공식’은 사업적인 계약 문서를 쓸 때나, 부하 직원에게 해야 할 일을 알려주는 지시서를 작성할 때도 사용할 수 있다. 예를 들어, 어머니가 아이에게 어떤 일을 시키고 싶을 때나, 아이들이 부모에게 무엇인가를 억지로 해달라고 요구할 때 적절히 사용할 수 있는 것이다.

한마디로 ‘마법의 공식’은 말하는 사람이 듣고 있는 사람에게 해주었으면 좋겠다고 원하는 것이나, 그만두었으면 하는 것을 제시하는 데 가장 효과적인 방법이다. 그렇다면 이제부터 ‘마법의 공식’을 완벽하게 습득하기 위한 계단을 한 칸씩 밟아보자.

1 직접 경험했던 일을 예로 든다

심리학자들은 사람이 무엇을 배우는 방법에는 크게 두 가지가 있다고 말한다. 바로 '반복의 법칙'과 '효과의 법칙'이 그것이다. 먼저 반복의 법칙을 쉽게 풀이하면, 비슷비슷한 사건이 연달아 일어남으로써 사람의 행동 방법에 변화가 생기는 것을 뜻한다. 효과의 법칙은 한 사건을 통해 받은 인상이 매우 커서 그것만으로도 사람의 행동에 어떤 변화가 일어나는 것을 의미한다.

사람이라면 누구나 일상생활 속에서 늘 이런 경험들을 하게 된다. 그래서 사람의 행동은 이와 같은 경험에 따라 여러 모습으로 드러나고 있는 것이다. 그런데 만일 당신이 어떤 특별한 사건을 경험했다면, 그것을 비디오테이프에 녹화라도 해놓은 듯이 다시 한 번 재현할 필요가 있다. 왜냐하면 사람들은 당신의 행동을 보면서 무엇인가를 배우거나 깨달을 수 있기 때문이다. 또한 당신이 경험을 통해 느끼거나 배운 것들을 청중에게 설명하고 싶다면, 그들이 더 큰 흥미를 느끼고 감동할 만한 사건을 선택해야 한다. 즉, 첫인상이 선명하고 강렬해 극적 효과를 거둘 수 있는 내용을 고를 필요가 있는 것이다.

그렇다면 당신이 선정한 실례를 의미심장한 것으로 만드는 데 도움을 줄 수 있는 방법들을 몇 가지 살펴보자.

첫째, 실례로 드는 경험은 한 가지만 소개하도록 한다. 어느 날 무심

코 들은 한 사건이 당신 인생에 극적인 충격을 안겨주었다고 가정해보자. 그렇다면 그 사건이 불과 몇 초 사이에 벌어졌다고 해도, 당신이 간접적으로 경험한 유일한 사건이 되어 기억 속에 오래도록 남을 것이다. 예를 들어보자.

어떤 사람이 자기 경험담을 생생하게 들려준 적이 있다. 그는 얼마 전 호수에서 보트가 전복되었고, 강기슭을 향해 필사적으로 헤엄쳐 나왔다고 한다. 그런데 보트가 전복된 곳은 수심이 가장 깊은 곳이어서 그는 수영을 하다가 기운이 빠져 익사할지도 모른다는 두려움에 휩싸여 수영 실력조차 제대로 발휘할 수 없었다고 했다. 그는 그때의 일이 다시 떠오르는 듯 온몸을 부르르 떨었다.

이 이야기를 들은 사람들은 한 가지 사실만큼은 분명하게 깨달았을 것이다. 즉, 그와 똑같은 재난을 당하면 구조하는 사람이 올 때까지 전복된 보트에서 떠나지 말아야 한다는 사실이다. 이것이 바로 그 사건을 직접 경험한 사람이 충고해준 내용이다.

이처럼 사람은 자신이 직접 경험한 일을 말함으로써 다른 사람에게 큰 교훈을 줄 수 있다. 한마디로 이것은 다른 사람으로 하여금 어떤 행동을 즉시 하도록 설득하는 데 필요한 제1 조건인 셈이다.

둘째, 구체적인 묘사로 이야기를 시작한다. 그럼 청중의 주의력을 더욱 빠른 시간 안에 붙잡을 수 있기 때문이다. 따라서 연설을 시작하는 첫 무렵부터 청중이 아무런 흥미도 느끼지 못하는 반복적인 문구나 상투적인 말을 해서는 결코 안 된다.

벌써 오래전에 들은 것이지만, 지금도 기억나는 연설의 첫머리가 몇 개 있다.

- "어느 날이었습니다. 문득 눈을 떠보니 내가 병원의 침대 위에 누워 있는 것이었습니다."
- "작년 7월, 나는 42호 고속도로를 화살처럼 빠른 속도로 달리고 있었습니다."
- "갑자기 사무실 문이 열리고 사장이 뛰어들어 왔습니다."

이와 같은 말로 시작한 연설이 성공할 수 있었던 이유는 '누가, 언제, 어디서, 무엇을, 어떤 방법으로, 왜 했는가'의 질문에 구체적으로 대답하는 형식을 갖췄기 때문이다.

셋째, 실례를 들 때는 반드시 필요하다고 여겨지는 부분만 세부적으로 묘사한다. 다른 사람들이 판단할 때 별로 중요하지 않다고 여겨지는 부분을 너무 자세히 묘사하면 결국 청중을 짜증나게 만들 뿐이다. 또한 그것은 이야기의 요점을 흐리게 만들고 주의력을 분산시켜 결국 아무 쓸모없는 이야기가 되어버린다. 그러므로 당신은 이야기의 요점이나 이유를 강조하는 데 꼭 필요하고 도움이 되는 세부적인 묘사만 선택할 필요가 있다. 이처럼 생동감 넘치는 묘사를 이용해 구체적으로 표현된 실례는 마치 청중의 눈앞에서 그 사건이 일어나고 있는 듯한 느낌을 줄 수 있는 가장 좋은 방법이다.

다음은 어떤 남성이 겨울 도로는 언제나 조심해야 한다는 이야기를 자기 경험에 비추어 생생하게 들려준 것이다.

"크리스마스가 가까운 어느 날 아침이었습니다. 저는 인디애나 주의 41번 고속도로를 달리고 있었죠. 차에는 제 아내와 두 아이가 함께 타고 있었습니다. 우리는 벌써 몇 시간째 거울처럼 얼어붙은 도로 위를 엉금엉금 기듯이 가고 있었습니다. 핸들을 조금만 잘못 건드려도 차의 뒷부분은 기분 나쁠 정도로 옆으로 미끄러졌지요. 차의 속도와 비례해 시간이 흘러가는 것도 마치 기어가는 것처럼 느껴졌습니다.

그런데 갑자기 얼음이 녹아버린 넓은 도로가 나왔습니다. 그래서 저는 모처럼 액셀러레이터를 밟았지요. 목적지인 시카고에 도착할 시간이 너무 많이 늦어지고 있었거든요. 다른 차들도 기회를 놓치지 않겠다는 듯 속도를 내기 시작했습니다. 어느 새 긴장감이 풀린 듯 뒷좌석에 앉은 아이들이 노래를 부르더군요. 8킬로미터쯤 달렸을까요? 도로는 갑자기 비탈길이 되어 삼림지대로 이어졌습니다. 그 비탈길에 다 올라갔을 때까지 차는 속도를 내고 있는 중이었지요. 고갯마루에서 눈앞을 바라보자 가슴이 철렁 내려앉았습니다. 내리막길은 마침 북쪽이어서 아직 햇빛을 받지 못했기 때문에 얼음이 꽁꽁 얼어붙어 있었습니다. 제 앞으로 달리고 있던 두 대의 차가 언덕 아래로 미친 듯이 곤두박질치는 모습이 보이는 찰나였습니다. 제 차도 사정없이 미끄러지기 시작해 결국 눈구덩이 속에 처박히고 말았습니다. 저희

뒤를 따라붙던 차도 별 수없이 미끄러졌는데, 제 차 옆구리를 들이박고 유리창까지 깨뜨렸지요. 그 탓에 우리 가족은 유리 파편 세례를 받을 수밖에 없었습니다.”

그는 자신의 경험을 실례로 들면서 사건에 대한 세부적인 묘사를 매우 적절하게 했다. 청중은 마치 자신도 그 사건 현장에 있었던 듯이 느꼈을 것이다. 이처럼 당신도 자신이 본 것을 청중이 보도록, 들은 것을 듣도록, 느낀 것을 느끼도록 할 수 있는 능력을 길러야 한다. 즉, 당신은 말을 하거나 그림을 그림으로써 청중에게 시각적인 환상을 불러일으키도록 자극해야 하는 것이다.

넷째, 과거 경험을 말할 때는 다시 체험하듯이 표현한다. 경험담을 이야기하면서 청중에게 강한 인상을 주고 싶다면 연극적인 감각을 발휘하는 것이 효과적이다. 즉, 연극에서 어떤 사건을 생동감 있게 보여주기 위해 배우들이 선보이는 약간 과장된 몸짓, 감정을 풍부하게 집어넣은 말투를 흉내 내어 보는 것이다. 이 방법을 동원하면 당신의 이야기가 청중의 마음속에서 오랫동안 잊히지 않는다.

정리해보면, 개인의 경험담을 연설에 실례로 사용하는 것은 몇 가지 이익을 가져다준다. 즉, 청중이 당신의 이야기를 쉽게 기억할 뿐 아니라, 이야기를 재미있어 하며, 그들을 쉽게 설득하는 힘을 마련해주는 것이다.

2 요점을 말한다

이 단계는 이야기의 내용을 자세히 알려준 다음 그 내용을 정리하는 것을 말한다. 즉, 청중이 해주었으면 하고 바라는 어떤 행동을 짤막한 말로 표현하는 것이다. 제목을 먼저 쓰고 내용을 쓰는 신문 기사와는 반대라고 생각하면 된다.

이 과정을 더욱 효과적으로 구현하는 몇 가지 방법을 살펴보자.

첫째, 짧고 구체적으로 말한다. 사람들은 대부분 명백하게 이해할 수 있는 일이 아니면 잘 이해하려 들지 않는 속성을 지니고 있다. 따라서 청중에게 바라는 행동이 있다면 더욱 더 자세하면서도 명백하게 말해야 한다. 이 경우 마치 광고에 실린 카피처럼 글자 수를 줄여 간단하면서도 확실하게 이해시킬 수 있도록 연습해보는 것이 좋다.

한편, 애매모호한 정신적인 행동보다 눈으로 볼 수 있는 분명한 행동을 요구하는 것이 중요하다. 즉, 다음과 같은 문구나 말은 피해야 한다. "우리 지방의 고아원에서 괴로워하고 있는 환자들에게 구원의 손길을!"이나 "때로는 할아버지의 생활비도 생각해주세요" 같은 말들이다. 이런 말보다는 "이번 일요일에 25명의 고아원 아이들을 소풍에 데려갈 수 있도록 이 후원회 명단에 서명해주십시오", "이번 주에 여러분의 할아버지, 할머니를 방문하도록 하세요"라고 말하는 편이 훨씬 구체적이고 설득력 있게 요점을 정리한 것이다.

, 청중이 어떤 내용을 행동으로 빨리 옮길 수 있도록 쉽게 말한다. 당신이 청중에게 어떤 행동을 해줄 것을 요구하고 싶은 마음이 클수록 그 요령이나 방법을 이해하기 쉽게 구체적으로 말할 필요가 있다.

예를 들어, 다른 사람의 이름을 외우는 능력을 키우고 싶다면 "자, 지금부터 이름을 기억할 수 있는 능력을 더욱 키웁시다"라고 말해서는 아무런 효과가 없다. 이것보다는 오히려 "이 다음에 어떤 사람을 만나게 되면, 그때부터 5분 안에 그의 이름을 다섯 번 이상 반복해서 부를 수 있는 기회를 만들어보세요"라고 말하는 것이 훨씬 더 설득력이 있다. 이처럼 요점을 구체적으로 쉽게 제시하는 연설가는 청중을 더욱 빨리 움직일 수 있는 방법 한 가지를 터득하고 있는 셈이다.

, 확신을 갖고 요점을 힘차게 말한다. 당신의 이야기를 모두 마무리하는 것이 '요점'이다. 따라서 내용을 이야기할 때보다 확신을 갖고 더 힘차게 말해야 하는 것이다. 신문 기사의 제목을 고딕체의 활자로 크게 뽑듯이, 어떤 행동에 대한 요구는 활력 넘치는 어조로 솔직하고 정확하게 강조해야 한다. 당신이 이런 방법을 사용함으로써 청중은 자기도 예상할 수 없었던 최후의 감동을 크게 느낄 수 있다.

3 청중이 기대하고 있는 이익을 제시한다

이 단계도 간결성과 요약 능력이 요구된다. 즉, 당신이 요구한 것을 청중이 실천할 때 얻을 수 있는 보수나 이익을 반드시 분명하게 밝혀주어야 한다. 당신이 원하는 행동을 청중이 해주었을 경우 갖게 되는 이득을 한두 마디의 짧은 말로 이야기하면 되는 것이다. 이 경우 가장 주의해야 할 점은 얻을 수 있는 이익이 실례의 단계에서 제시한 이익과 같아야 한다는 점이다. 예를 들어, 중고차를 사면 돈을 절약할 수 있다는 경험을 말한 후 청중에게도 중고차를 사라고 권한다고 해보자. 이때 당신은 청중이 중고차를 사게 되면 경제적 이익을 얼마만큼 얻을 수 있는지를 강조해야 한다.

4 오직 하나뿐인 이유를 강조한다

당신이 매장에서 물건을 고르고 있을 때 어떤 물건이 좋은 이유를 대여섯 가지 이상 말하는 점원을 만난 적이 있을 것이다. 당신도 어쩌면 그 점원처럼 요점을 몇 가지씩 늘어놓을지도 모른다. 그러나 이것은 좋은 방법이 아니다. 즉, 특별한 이유나 이익을 어느 한 가지만 골라서 강조하는 것이 가장 바람직한 방법이다.

청중에게 마지막으로 해주는 말은 광고 카피처럼 단순하고 명쾌할 필요가 있다. 따라서 광고 카피에 관심을 갖고 연구한다면, 연설에 필요한 요점 정리 능력과 이유를 설명하는 솜씨를 크게 발전시킬 수 있을 것이다.

긴 이야기를
들려주는 방법

줄거리가 제법 긴 이야기를 효과적으로 들려주려면 어떻게 구성해야 할까? 특히 이야기의 목적이 청중에게 행동을 불러일으키고 싶은 것이라면 어떤 단계를 밟아나가야 더 능률적일까? 지금부터 이 목적이 순조롭게 이루어질 수 있도록 세 가지 단계를 지적하고자 한다. 그 세 가지 단계란 청중의 관심을 환기시키는 단계, 본론, 결론이다.

그렇다면 지금부터 각 단계를 더욱 빠르게 발전시키는 데 도움이 되는 방법들을 살펴보자.

1 청중의 관심을 단숨에 끌어모은다

사우스웨스턴대학의 총장을 역임한 린 헤럴드 호크 박사는 오랫동안 경륜을 쌓은 연설자로서 깨달은 사실 가운데 가장 중요한 것이 무엇이냐는 질문에 이렇게 대답했다.

"청중의 호의적인 관심을 한 번에 끌어당길 수 있는 첫마디가 무엇보다 중요합니다."

호크 박사의 대답은 설득력 있게 말하는 기술 중에서도 핵심을 찌르는 것이다. 그럼 지금부터는 어떤 방법으로 이야기를 시작하는 것이 바람직한지를 알아보자.

첫째, 자신이 경험한 어떤 사건이나 실례로 이야기를 시작한다. 즉, 실제로 경험한 사건을 통해 느낀 점들을 이야기로 풀어나가면 실패할 확률이 거의 없다. 청중의 마음이 그 이야기를 따라 움직이기 때문이다. 그리고 청중 스스로 이야기 속에 빠져들어 앞으로 어떤 일이 벌어질지를 알고 싶어 하게 된다. 따라서 당신은 없는 말을 꾸며대기 위해 전전긍긍하지 않아도 된다. 더욱이 중간에 생각이 끊길까 봐 걱정할 필요도 없다.

이처럼 실화를 예로 들어 이야기를 전개시키는 것은 청중의 반응을 가장 빨리 이끌어내는 최상의 방법이다. 예를 들어 이렇게 이야기를 시작하는 것이다.

"대학을 갓 졸업할 무렵의 어느 날 밤이었습니다. 저는 사우스다코타 주의 휴런 거리를 걷고 있었지요. 그런데 한 사나이가 상자 위에 서서 사람들에게 말하고 있는 모습이 눈에 들어왔습니다. 호기심이 발동한 저는 청중 속으로 끼어들어 갔습니다.

'여러분!'

그 사나이는 큰 소리로 외쳤습니다.

'인디언 중에는 대머리가 없다는 사실을 아십니까? 또한 여러분은 여자가 대머리인 것을 본 적이 있으십니까? 저는 지금부터 그 까닭을 속 시원히 알려드리겠습니다.'

저를 비롯한 청중은 그의 말을 더 잘 듣기 위해 한 발자국씩 앞으로 나아갔습니다."

이 연설에는 머리말이 전혀 없다. 즉, 말을 시작하자마자 하나의 특정한 사건 속으로 돌진해 들어감으로써 청중의 관심을 끌어 모으고 있는 것이다.

둘째, 사람의 마음속에 숨어 있는 긴장감을 불러일으키며 시작한다. 청중이 어떤 이야기를 들으면서 놀라움이나 두려움으로 긴장하게 되는 이유는 그만큼 이야기에 흥미를 느끼기 때문이다. 그러므로 이야기를 시작하는 무렵부터 호기심을 자극하는 기술을 사용한다면, 청중은 당신이 이야기를 마칠 때까지 귀를 기울일 것이 분명하다.

예를 들어, 어떤 사람이 체육 클럽에서 강연할 때 청중의 호기심을 어떻게 불러일으켰는지를 보자.

"오래전에 런던에서 아주 얇은 책 한 권이 발간됐습니다. 한 편의 소설을 실은 책이었지요. 그런데 수많은 사람들은 그 책을 세계에서 가장 위대한 책 가운데 하나라고 부릅니다. 그 책이 처음 나왔을 때 스트랜드 거리나 펠벨에서는 친구들끼리 만나면 이런 질문을 주고받았답니다.

'그거 읽었니?'

'그럼, 당연하지!'

그 책이 서점에 처음 배포된 날 1000부가 순식간에 팔렸습니다. 그리고 2주일이 되기도 전에 1만5000부가 팔리는 경이적인 기록을 세웠습니다. 그리고 지금은 전 세계에서 번역되어 읽히고 있습니다. 이처럼 세계적으로 유명한 책의 제목을 당신은 알고 계십니까? 그것은 바로……."

이 사람의 이야기는 청중의 흥미를 불러일으켰다. 즉, 처음부터 청중의 호기심을 자극함으로써 앞으로 펼쳐질 이야기에 기대를 걸게 만든 것이다. 혹시 당신도 그 책의 제목이 궁금한가? 궁금해하는 당신을 위해 정답을 알려주면 그것은 바로 찰스 디킨스의 《크리스마스 캐럴》이다.

, 이야기의 첫 부분부터 충격적인 사실을 발표한다. 이야기를 시작하자마자 청중을 깜짝 놀라게 만드는 이 방법은 무엇보다도 그들과 심리적 접촉을 꾀하는 데 있어 무척 효과적이다. 왜냐하면 청중에게 그들이 전혀 예상하지 못했던 충격을 안겨주었기 때문이다. 또한 이 방법은 청중의 주의력을 이야기의 주제 속으로 단숨에 집중시킬 수 있는 힘을 갖고 있다. 그럼 지금부터 '충격적인 사실'로 이야기를 시작한 예들을 알아보자.

"만일 바로 지금 원폭 전쟁이 일어난다면 하룻밤 사이에 2000만 명의 미국인이 목숨을 잃을 것이라고 미국 육군성은 예측하고 있습니다."

"몇 년 전, 스클립스 하워드 계열의 신문은 막대한 비용을 투입해 조사를 실시한 적이 있습니다. 그 조사의 목적은 소비자가 소매점의 어떤 부분에 불만을 느끼고 있는지를 밝혀내기 위한 것이었습니다. 이 조사는 같은 내용으로 실시된 것들 가운데 가장 많은 비용을 들인 것이며, 또한 첨단 과학을 이용한 철저한 조사였지요. 조사 방법으로는 16개 도시에 거주하는 5만4047세대에 대해 우편으로 질의 응답지를 보냈습니다. 그 질문 가운데 하나가 '이 도시 상점의 어떤 면이 마음에 안 드십니까?'라는 것이었습니다. 이 질문에 대해 40퍼센트 이상의 답변자가 '점원이 불친절하고 예의 바르지 못합니다'라고 지적

했습니다."

　그런데 이 충격 요법을 사용할 때 주의해야 할 점이 있다. 즉, 연설자가 너무 호들갑스러운 태도를 보이거나, 자기감정에 지나치게 도취되어서는 안 된다는 것이다. 예전에 어떤 사람이 연설을 하기 전에 청중의 관심의 끌겠다며 허공을 향해 모의권총을 쏜 적이 있다. 물론 이것으로 청중의 관심을 확실하게 모았을지는 모르지만, 그들의 심장은 너무 놀라서 거의 멎을 뻔했다. 아주 특별한 예이긴 하지만, 이처럼 충격이 심한 요법은 피하는 것이 좋다.

　넷째, 질문을 한 뒤 손을 들어 답을 표시해달라고 요구한다. 이 방법은 청중의 관심을 환기시키기 위해 자주 사용된다. 이렇게 청중에게 손을 들어달라고 부탁하는 대화의 기술은 '청중의 적극적인 참여'라고 알려져 있는 중요한 반응을 이끌어낸다. 이런 기교를 적절히 사용한다면 당신이 준비한 이야기의 주제를 청중과 함께 생각해보는 기회를 마련할 수 있다. 단, 청중이 의사 표시를 하기 위해 마음을 가다듬을 수 있는 시간적 여유를 주어야 한다.

　다섯째, 청중이 원하는 바를 얻을 수 있는 방법을 가르쳐준다고 약속한다. 즉, 당신이 제시한 방법대로 하면 그들이 원하는 바가 모두 이루어져 좋은 결과를 얻을 수 있을 것이라고 말하는 것이다. 몇 가지 예를 들어보자.

- "저는 이제부터 수입을 크게 늘릴 수 있는 방법을 여러분에게 소개해 드리겠습니다."
- "제 이야기에 10분만 더 귀 기울이세요. 그럼 현재보다 인기가 더 많아질 수 있는 확실한 방법들을 알게 되실 것입니다."

이미 눈치 챘겠지만, 이와 같은 '약속' 형의 첫마디는 청중의 이해관계에 직접 호소해야 한다. 그래야 그들의 관심을 훨씬 더 강하게 끌어당길 수 있다.

지금까지 소개한 여러 방법들은 모두 나름대로 특별한 장점을 갖고 있다. 그러므로 이 방법들을 따로따로 적용해 말을 시작할 수도 있고, 2~3개를 섞어서 적용해도 좋은 결과를 얻을 수 있다. 아무튼 당신이 이야기를 어떻게 시작하느냐에 따라 그것을 받아들이는 청중의 태도는 180도 달라진다는 사실을 명심하자.

사리를 분명히 판단할 수 있는 사람이라면 청중에게 비난받을 만한 불쾌한 말을 해서는 절대로 안 된다. 이와 관련해 연설할 때 반드시 피해야 할 몇 가지를 확인해두도록 하자.

첫째, 이야기를 변명으로 시작해서는 안 된다. 연설을 시작하면서 "미처 준비를 못했다"거나, "이런 자리에서 이야기할 사람이 못 된다"라고 말한다면 청중은 어떤 반응을 보일까? 그들은 모처럼 품었던 기대가 와르르 무너지는 느낌을 받을 것이다.

그런데 당신이 연설 준비를 소홀히 하는 것은 보통 두 가지 이유 때문이다. 즉, 그 연설이 성실하고 꼼꼼하게 준비할 만큼 가치가 있는 것이 아니라고 판단했거나, 이미 낡은 자료를 이용해 대충 넘어갈 수 있다고 얕잡아봤기 때문이다.

만일 이것이 사실이라면 당신은 그곳에 모인 청중을 모욕하는 것이나 다름없다. 한편 청중은 당신이 변명을 늘어놓기 전부터 준비가 소홀하거나 성의가 없다는 사실을 저절로 깨닫게 된다. 만일 청중이 그런 당신에게 야유를 보내더라도 당신은 할 말이 전혀 없다. 따라서 당신은 청중에게 유익한 말을 하기 위해 늘 최선을 다해야 한다.

둘째, 우스꽝스러운 말로 이야기를 시작하지 않도록 한다. 이 방법은 연설을 처음 시작하는 사람들이 흔히 저지르는 실수이다. 그들은 우스갯소리를 함으로써 연설을 더욱 명랑한 분위기에서 시작할 수 있다고 오해하고 있는 것이다.

그러나 때와 장소에 맞지 않는 이런 이야기들은 당신을 한층 더 초라하게 만든다. 반면, 상황에 맞는 적절한 유머 감각은 당신을 훨씬 돋보이게 해준다. 따라서 당신이 연설자라면 그 고장의 풍습이나 바로 그 자리에서 벌어진 일 등을 날카롭게 관찰할 필요가 있다. 그런 다음 청중의 웃음보를 터뜨릴 수 있도록 온갖 재치와 기지를 발휘하는 것이다.

그런데 청중이 박장대소할 정도의 우스갯소리는 연설자가 자신에 대해 말할 때이다. 즉, 너무나 어처구니없고 난처한 상황에 놓여 있는 연설자 자신의 모습을 묘사할 때 가장 호응이 좋다. 이처럼 우스운 말투나 몸짓으로 자기 결점이나 실수를 솔직하게 말하는 겸손한 연설자에게 청중은 갈채를 보낼 뿐 아니라, 마음의 문까지도 스스럼없이 열어준다.

3 중요한 내용은 반드시 보강한다

우리는 앞에서 연설자가 직접 경험한 일 등을 예로 들면서 이야기의 내용이나 주제를 보강하는 방법에 대해 살펴봤다. 지금부터는 과학적으로 입증된 사례나 어떤 통계 수치, 또는 전문가의 증언을 이용해 요점을 보강하는 방법에 대해 알아보자.

첫째, 통계 수치를 제시한다. 이 방법은 다른 사람이 쉽게 수긍할 것 같지 않은 내용을 정확하고 확실하게 증명해 납득하게 만드는 데 효과적이다. 그러나 통계 수치만 열거하면 청중은 오히려 따분해한다. 그러므로 반드시 필요하다고 판단될 때만 사용하는 것이 바람직하다. 또한 통계 수치를 제시할 때는 각각의 수치가 눈에 보이고 손에 잡힐 듯이 섬세한 언어로 표현해야 한다. 즉, 일상생활에서 경험을 통해 습득한 생동감 넘치는 말로 풀이하는 것이 가장 좋다.

어떤 사람이 어느 해에 일어난 화재를 예로 들며 다음과 같이 말했다.

"그때 불탄 집을 한 줄로 늘어놓으면 그 줄은 아마 뉴욕에서 시카고까지 충분히 닿았을 거예요. 그리고 그 화재 때문에 목숨을 잃은 사람을 1.5킬로미터마다 세워놓으면, 그 행렬은 시카고부터 뉴욕까지 돌아오겠죠."

당시 그 사람이 말한 정확한 숫자는 곧 잊어버렸다. 그러나 그 음울한 풍경은 지금도 손에 잡힐 듯하다.

둘째, 전문가의 증언을 이용한다. 이 방법은 중요한 요점을 더욱 명확하게 들려주고 싶을 때 사용한다. 그러나 이 방법을 활용하기 전에 다음과 같은 몇 가지 사항에 자문자답함으로써 타당성을 검토해야 한다.

1. 당신이 이용하려는 증언은 정확한 내용인가?
2. 어떤 내용을 발표할 인물이 그 분야에 전문적인 지식을 갖고 있는가?
3. 청중에게 널리 알려진, 존경스러운 인물을 인용하는 것인가?
4. 당신이 인용하려는 그 말은 개인적인 이해관계나 편견에 사로잡혀 선택한 것은 아닌가?

만일 어떤 사람이 사업의 전문화가 꼭 필요하다고 강력히 주장하는 연설을 시작하면서 앤드류 카네기의 말을 인용했다고 해보자. 그의 선택은 현명한 것이었을까? 대답은 매우 현명한 방법이었다는 것이다. 카네기는 사업 성공이라는 측면에서 보면 사회적 자격이 충분한 사람이다. 따라서 연설자는 청중에게 존경받고 있는 인물을 적절히 인용한 셈이다. 카네기를 언급했던 그 사람은 다음과 같이 말을 이었다.

"어떤 사업이든지 뛰어난 성공을 거두기 위한 참된 길은 당신 자신이 그 분야의 전문가가 되는 것입니다. 이것은 확신에 찬 나의 신념입니다. 자기 능력이나 자질을 여기저기 마구 흩뿌려 놓는 것을 나는 신임하지 않습니다. 내 경험에 비춰볼 때 이런 사람이 크게 성공한 예는 찾아볼 수 없을 정도입니다. 성공한 사람은 언제나 자신의 적성에 알맞은 한 가지 전문 분야를 선택해서 끝까지 노력한 사람입니다."

셋째, 어떤 특정 목적을 이루기 위해 물건을 이용하거나 혹은 빈 몸으로 연기를 한다. 이 경우는 더 이상의 설명이 필요하지 않은 것 같다. 직접 예를 들어보자.

한 스토브 제조회사의 중역이 특약점 점주들을 모아 놓고 이야기를 하게 됐다. 그런데 그는 연료를 넣을 때 위에서가 아니라 아래에서부터 주유해야 더 좋다는 사실을 극적으로 표현해 보일 수 있는 방법을 찾고 있었다. 여러 날을 고민하던 끝에 그는 아주 간단하면서도 강렬한 인상을 심어줄 수 있는 방법을 찾아냈다. 그는 양초에 불을 붙여 활활 타오르게 해놓은 다음 이렇게 말했다.

"불길이 매우 환하게 타오르는 것에 주목해주십시오. 아주 잘 타고 있지요. 이처럼 연료는 열로 변화하는 것이므로 연기가 거의 나지 않습니다. 그런데 이 불꽃은 우리 회사의 스토브들이 연료를 공급받을 때와 마찬가지로 아래에서부터 파라핀이라는 연료를 공급받고 있습니다. 만일 이 양초의 연료가 지금까지의 스토브들처럼 위로 연료를 공급받았다고 해봅시다(여기서 그는 양초를 거꾸로 들었다).

기세 좋게 타오르던 불길이 약하게 타오르는 것에 주의해주십시오. 불길은 이제 기분 나쁜 소리를 내며 타오르지 않습니까? 불완전 연소 때문에 불빛이 빨간 것도 눈여겨보십시오. 자, 위로부터 연료를 보급한 결과 어떻게 됐습니까? 불길은 마침내 꺼져버렸습니다."

이렇듯 실제로 있었던 사건을 소개하거나 직접 연기해보임으로써 당신의 중요한 생각을 훨씬 더 생생히 청중에게 전달할 수 있다. 또한 객관적인 통계 수치나 증언을 이용함으로써 당신의 주장이 진실하다는 것을 증명해보이고, 논점의 중요성도 크게 강조할 수 있다.

4 청중에게 행동을 촉구한다

끝맺는 말은 연설을 진행하면서 세운 몇 가지 방침 가운데 가장 중요한 부분이다. 그러므로 당신이 이야기를 끝냈을 때는 청중의 가슴속에 여운처럼 남는 마지막 말이 있어야 한다. 사람들은 거의 이 말을 오래 기억하는 속성을 갖고 있다. 그런데 연설을 시작한 지 얼마 되지 않은 사람은 이것의 중요성을 깊이 인식하지 못한다. 그래서 훌륭한 내용의 연설을 막판에 망쳐 놓기 일쑤이다.

그렇다면 이런 사람들이 흔히 하는 끝맺는 말은 무엇일까? 그것은 다음과 같은 말이다.

"이로써 이 문제에 대해 제가 말하고 싶은 것은 모두 말씀드렸습니다. 그러므로 이 정도로 끝을 맺으려 합니다. 지금까지 제 이야기를 들어주셔서 대단히 감사합니다."

이것이 끝맺는 말로 적당하다고 생각하는가? 한마디로 이와 같은 말은 실패의 냄새가 물씬 풍기는 잘못된 말이다. 그렇다면 어떻게 해야 연설의 마지막 부분을 멋지고 훌륭하게 이끌어갈 수 있는 것일까? 그 적절한 방법들을 찾아보자.

첫째, 이야기의 내용을 간단히 요약한다. 어떤 사람이 제법 긴 연설을 하고 있다고 가정하자. 이때 그는 자신도 모르는 사이에 이야기의 폭을 한정 없이 넓혀갈 수도 있다. 그래서 연설 끝부분에 이르러서는 그가 말하고자 하는 바가 무엇인지를 청중이 정확히 파악하기가 점점 어려워진다. 그런데 연설자가 이것을 거의 깨닫지 못하고 있어서 문제가 발생한다. 왜냐하면 연설자는 꽤 오랜 시간 자기 생각을 정리해왔을 것이기 때문이다. 하지만 청중에게는 그 내용이 온통 새로운 것 투성이어서 이해하기 어려울 수밖에 없다.

그러므로 다음과 같은 말은 꼭 기억해둘 필요가 있다.

"먼저 무엇을 말하려는지를 이야기한다. 그리고 다음 단계에서는 그것을 자세히 이야기한다. 그리고 마지막에는 그동안 무엇을 말했다고 청중에게 다시 이야기하는 것이다."

이것은 어느 아일랜드 정치가의 말이다. 이 가운데 특히 '그동안 무엇을 말했다고 다시 이야기한다' 라는 부분이 맺는말에 대해 정곡을 찌른 충고이다. 그러므로 이 부분의 효과를 높이려면 이야기 전체의 요점을 짤막한 문구로 요약해야 하는 것이다.

둘째, 행동으로 보여주기를 원하는 내용을 구체적으로 요구한다. 이제 직접적인 행동을 요구하는 연설의 거의 마지막 단계에 이르렀다. 당신의 요구 사항이 꼭 이루어질 수 있도록 적극적으로 밀어붙여야 한다. 이때 청중에게 요구하는 말은 매우 구체적이어야 효과가 나타난다. 예를 들어 "적십자사에 원조해주십시오"라고 말해서는 아무 소용이 없다.
이런 말보다는 "오늘 밤, 우리가 살고 있는 이 도시 125번가의 미국적십
자사에 1달러의 입회비를 보내주십시오"라고 말하는 것이 훨씬 설득력
이 크다.

이 밖에도 청중의 힘이 미치는 범위 안에서 요구 사항을 말하는 것,
그리고 당신의 요구에 청중이 쉽게 반응을 보일 수 있도록 여러 방법을
마련해야 한다는 것을 잊지 않도록 주의해야 한다.

배운 것들을 응용하는 방법

앞의 8개 항에서 배운 내용들을 언제부터 실전에 응용하면 좋을까? 이 질문에 대한 대답은 매우 간단하고 명쾌하다. 바로 지금부터이다. 만일 당신이 앞으로 얼마 동안은 청중을 대상으로 연설할 기회가 전혀 없다고 하더라도 크게 걱정할 필요는 없다. 왜냐하면 당신은 이제 곧 이 책에서 제시한 연설의 원리나 기교를 일상생활 속에서 충분히 응용할 수 있다는 사실을 틀림없이 발견하게 될 것이기 때문이다. 그러므로 연설의 기술을 지금부터 사용하라는 것은 당신이 연설할 기회가 왔을 때 아무런 망설임 없이 승낙할 수 있는 만반의 채비를 갖추라는 뜻이다.

그런데 우리는 제7항에서 많은 사람 앞에서 이야기할 때는 일반적으로 네 가지 목적이 있음을 확인했다. 그리고 그 가운데 한 가지를 마음속에 정해두고 연설을 준비해야 한다는 것을 알았다. 당신의 기억을 새롭게 하기 위해 다시 한 번 그 네 가지 목적을 열거해보겠다. 즉, 어떤 행동을 할 수 있도록 설득할 것, 지식이나 정보를 제공할 것, 감명을 주고 잘 납득시킬 것, 즐거움을 느끼게 만들 것 등이다.

그런데 이 목적들은 서로 뒤섞이려는 성격을 갖고 있으므로 그날그날의 상황에 따라 변화하는 모습을 보여준다. 예를 들어, 비즈니스맨의 경우 처음에는 고객과 마음을 터놓고 이야기하는 듯하다. 그러나 어느새 그는 상품을 팔기 위해 가격이나 특성 따위를 설명하고 있다. 그러므로 당신도 이 책에서 소개한 연설의 기술을 보통 때 다른 사람들과의 대화에 응용해야 한다. 결국 이런 방법은 당신 자신을 더욱 유능한 사람으로 만들어주고, 생각을 빈틈없이 정리해 상대방에게 전달할 수 있도록 도와준다. 그럼 당신은 가까운 시일 안에 자신이 마음먹은 대로 상대방을 움직일 수 있는 능력을 갖추게 된다.

지금부터는 앞의 항에서 소개한 여러 연설의 기술들을 일상 대화에 어떻게 응용할 수 있는지 그 방법들을 찾아보자.

1 일상 대화에서도 세부 묘사를 구체적으로 한다

이미 앞에서 연설할 때 세부적인 묘사를 적절히 사용하는 것이 좋다는 사실을 언급했다. 그런데 이 방법은 일상 대화에서도 중요하게 작용한다. 당신의 친구 가운데 대화를 능숙하게 이끌어 나가는 사람을 잠깐 생각해보라. 그가 말을 잘한다고 주위 사람들에게 칭찬을 듣는 이유는 매우 간단한 원리를 터득하고 있기 때문이다. 즉, 그는 자신의 감정이 풍부하게 표현된 세부적인 묘사를 대화에 그대로 드러냄으로써 상대방이 구체적인 영상미를 느낄 수 있도록 만드는 것이다.

대화의 기술을 발전시키려면 무엇보다 자신감을 갖는 것이 중요하다. 그러므로 아무리 작은 주제일지라도 당신의 생각을 말로 정확히 표현하려면 열심히 노력해야 한다. 이런 과정을 반복하다 보면 당신은 자기 경험 속에서 이야기의 주제에 알맞은 적절한 소재를 찾아 대화에 응용할 수 있는 능력을 갖추게 된다.

사람들의 직업은 매우 다양하다. 비즈니스맨, 매니저, 점원, 어떤 모임의 지도자, 교사, 목사, 간호사, 회사의 중역, 변호사, 회계사, 운전기사 등 이루 헤아릴 수 없을 정도이다. 이런 직업에 종사하는 사람들은 자신이 담당하는 특수한 분야의 지식을 설명하거나 전문적으로 지시를 내려야 한다는 의무를 갖고 있다. 어느 날 당신이 명쾌하고 정확한 어조로 작업 지시를 내리는 모습을 회사 간부가 보게 됐다고 생각해보자. 그는 당신의 능력을 평가할 때 이것을 중요한 판단 자료로 삼을 수 있다.

더욱 빨리 생각하고, 재치 있는 말로 표현하는 능력은 지식이나 정보를 제공하는 동안 저절로 발전한다. 그러나 이 기술은 결코 공식적인 연설에만 사용되는 것이 아니다. 그것은 사람이라면 누구나, 또 언제든지 활용할 수 있는 기술이다.

3. 청중 앞에 설 기회를 갖도록 노력한다

당신 스스로 많은 청중 앞에서 연설할 기회를 갖도록 노력해야 한다. 그러므로 정기적으로 토론회를 개최하는 어떤 모임에 회원으로 가입하는 것이 필요하다. 하지만 무엇보다 중요한 점은 당신이 방관자 처지에 머물러서는 안 된다는 것이다. 적극적으로 활동하면서 운영위원회의 진행 계획 등을 앞장서서 도와주어야 한다. 그리고 때때로 사회자가 되는 것도 좋다. 그럼 자연스럽게 그 지역의 달변가를 만나 이야기를 나눌 수도 있기 때문이다. 또는 어떤 강연회에서 연설자를 소개하는 기회도 얻을 수 있다.

한편, 당신은 20분이나 30분 정도에 걸쳐 연설을 할 수 있도록 부지런히 공부하고 연습해야 한다. 당신이 참가하고 있는 클럽이나 단체에 연설할 의사가 있음을 넌지시 알리는 것도 필요하다. 또한 불우이웃돕기 모금운동을 벌이는 자선단체를 찾아가 봉사활동을 하도록 한다. 더 많은 돈을 기부받기 위해 거리에 나가 사람들의 인정에 호소하는 것도 이 책에서 배운 내용을 훌륭히 응용하는 방법이다.

4 강한 집념으로 끈질기게 노력한다

무슨 일이든 처음 배울 때는 자신의 능력이 향상되고 있는지 어떤지를 판단할 수가 없다. 어떤 때는 밀려오는 파도처럼 빠르게 발전하는 것 같기도 하고, 또 어떤 때는 제자리에서 맴도는 것 같기도 하다. 그뿐 아니라 한순간 방향을 잘못 잡아서 그동안 쌓아올린 기초를 모두 무너뜨리기도 한다.

심리학자들은 이와 같은 정체나 퇴보의 시기를 잘 분석하고 있다. 그들은 심리학적 전문 용어로 이 시기를 '학습 고원'이라고 일컫는다. 그런데 대화의 기술을 배우는 수강생들도 이와 같은 고원 상태에 빠져 몇 주일씩이나 고생하기도 한다. 이때는 그 어떤 노력도 도움이 되지 않는다. 그래서 의지가 약한 사람은 더 이상 공부하는 일을 포기하기도 한다. 그러나 집념이 강한 사람은 끈질긴 노력으로 이 시기를 슬기롭게 극복해나간다. 그러다가 어느 날 갑자기 자신의 실력이 부쩍 늘어난 것을 발견하게 된다. 그는 늪지대인 고원을 빠져나와 어느새 산봉우리에 다다른 것이다. 그는 이제 물 흐르듯 확실하게 드러나는 힘찬 연설을 함으로써 청중을 감동시킨다.

그런데 앞에서도 언급했지만, 당신이 청중 앞에 나섰을 때 한동안은 순간적인 공포나 충격, 긴장감에서 비롯되는 불안감 등을 맛볼 것이다. 그러나 끈기 있게 이런 증상을 참아내면 연설을 시작할 무렵의 두려움이나 그 밖의 다른 어려움은 곧 사라지게 된다. 다시 한 번 언급하지만, 연설을 시작하는 초기에는 이러한 여러 문제들이 발생하는 것을 피할 수 없다. 그러므로 당신은 이런 점에 개의치 말고 오로지 연설에만 주의 집중하는 자세를 가져야 한다.

이런 과정을 서너 차례 경험하고 나면 당신은 청중 앞에서 말하는 일이 얼마나 큰 기쁨인지를 깨닫게 되고, 연설도 적극적으로 해나가게 된다.

5 좋은 결과를 확신하는 자세를 갖는다

청중 앞에서 자신에 찬 목소리로 말할 수 있는 능력을 갖기 위해 노력하는 사람들은 세상에 무수히 많다. 그런데 이러한 자기 목표를 이룬 사람들은 대부분 평범한 재능을 갖고 살아가는 비즈니스맨이다. 특별한 재능을 갖고 있어서 성공한 사람은 손가락으로 꼽을 수 있을 정도이다.

그렇다면 평범한 사람이 성공을 거둔 비결은 과연 무엇일까? 그들은 무엇보다도 소심한 성격을 극복하기 위해 자신과 싸움을 벌여나갔다. 그뿐 아니라 스스로 노력하는 동안에도 돈을 더 벌 수 있다는 욕심 따위를 깨끗이 버렸다. 그리고 하나의 목적을 이루기 위해 끈질기게 매달렸기 때문에 마침내 성공을 쟁취할 수 있었던 것이다.

그러므로 당신도 게으름 피우지 말고 여기에 나온 내용들을 열심히 연습하도록 하라. 그러면 어느 날 아침 눈을 떴을 때 깜짝 놀랄 만한 결과가 기다리고 있을 것이다. 즉, 당신이 살고 있는 도시나 가입한 단체에서 매우 유능한 연설가라고 소문남으로써 기쁨과 즐거움, 보람을 느낄 수 있다.

이런 현상은 결코 신기한 것이 아니다. 이는 매우 인간적이며 자연스러운 일일 뿐이다. 그리고 이와 똑같은 현상이 당신이 하는 사업이나 직업 측면에서도 계속 일어나고 있다.

존 D. 록펠러 주니어는 사업에서 성공할 수 있는 필수 조건으로 두 가지가 있다고 말했다. 즉, 어떤 경우에도 포기하지 않는 끈질긴 인내심과 반드시 좋은 결과가 기다리고 있다고 확신하는 마음이다. 그런데 이것들은 대화의 기술을 좀 더 효과적으로 터득하는 데 반드시 필요한 조건이기도 하다.

나 역시 많은 사람들에게 자신의 목적을 반드시 이룰 수 있다는 강한 확신을 심어주려고 애쓴다. 무슨 일을 하든지, 그것을 꼭 성공시키기 위해 기울이는 노력과 정성보다 더 값진 것은 없다고 믿기 때문이다. 내가 마지막으로 당신에게 들려주고 싶은 이야기는 이것이다.

"당신 스스로 청중의 주의를 끌 수 있다는 사실을 깨닫게 됐다고 해 보자. 그러면 당신은 지금까지 경험할 수 없었던 내적인 힘과 용기, 그리고 자신의 마음을 다스릴 수 있는 평정의 감각까지 새롭게 계발하게 된다. 그렇다면 그 결과는 어떻게 나타날까? 당신은 스스로 하겠다고 마음먹을 수 없었던 일까지 시작하게 되고, 마침내 성공을 거두게 된다. 어떤 때는 수많은 청중 앞에 나가 한바탕 멋진 연설을 하고 싶은 욕심이 생기기도 한다. 그리고 사업이나 직업, 사회활동을 펼칠 때 적극적으로 자기 역할을 수행함으로써 최고 지도자가 되기도 한다."

명확하고 힘차며 강조적인 표현력을 키우는 일은 사회 지도자가 되기 위한 지름길이기도 하다. 그리고 이런 표현력은 개인 대 개인의 대화에서 시작해 수많은 청중 앞에서 연설하는 일에까지 적절히 사용될 수 있다.

그러므로 당신이 이 책의 내용을 잘 응용한다면 가정이나 모임, 일반적 단체, 회사, 그리고 정당 활동에 이르기까지 유능한 지도자로서의 자격을 발전시키는 데 큰 도움이 되리라고 확신한다.